Educação do Campo como Direito Humano

Dados Internacionais de Catalogação na Publicação (CIP)
(Câmara Brasileira do Livro, SP, Brasil)

Pires, Angela Monteiro
  Educação do campo como direito humano / Angela Monteiro Pires. — São Paulo : Cortez, 2012. — (Coleção educação em direitos humanos ; v. 4).

  Bibliografia.
  ISBN 978-85-249-1991-6

  1. Cidadania 2. Educação de Jovens e Adultos 3. Educação em direitos humanos 4. Educação inclusiva 5. Prática de ensino 6. Professores — Formação I. Título. II. Série.

12-12210   CDD-370.115

Índices para catálogo sistemático:

1. Educação em direitos humanos: Educação do campo   370.115

Angela Monteiro Pires

Educação do Campo como Direito Humano

1ª edição
_____

2012

EDUCAÇÃO DO CAMPO COMO DIREITO HUMANO
Angela Monteiro Pires

Capa: Ramos Estúdio
Preparação de texto: Ana Paula Luccisano
Revisão: Maria de Lourdes de Almeida
Composição: Linea Editora Ltda.
Coordenação editorial: Danilo A. Q. Morales

Nenhuma parte desta obra pode ser reproduzida ou duplicada sem autorização expressa do autor e do editor.

© 2012 by Autora

Direitos para esta edição
CORTEZ EDITORA
Rua Monte Alegre, 1.074 — Perdizes
05014-001 — São Paulo — SP
Tel.: (11) 3864-0111   Fax: (11) 3864-4290
e-mail: cortez@cortezeditora.com.br
www.cortezeditora.com.br

Impresso no Brasil — outubro de 2012

*"Eu quero uma escola do campo
que tenha a ver com a vida, com a gente
querida e organizada
e conduzida coletivamente [...]
[...] Eu quero uma escola do campo
onde o saber não seja limitado
que a gente possa ver o todo
e possa compreender os lados [...]"*

GILVAN SANTOS

SUMÁRIO

Apresentação da Coleção 9

Introdução 13

1ª Parte   O contexto da Educação do Campo no Brasil

1. Reflexões sobre o campo no contexto socioeconômico e cultural brasileiro, a agroecologia e o desenvolvimento sustentável 21
2. A territorialidade e a questão agrária 38
3. A história e cultura das diferentes populações do campo 43

2ª Parte   A Educação do Campo e no Campo: uma conquista dos povos do campo

1. A construção da Educação do Campo: da educação rural à Educação do Campo 81
2. A Educação do Campo como direito dos povos do campo 89
3. A Educação do Campo e a escola do campo 105

3ª Parte   A organização da ação pedagógica da Educação do Campo

1. A organização do trabalho pedagógico 115
2. Currículo, saberes e práticas educativas 119
3. Organização e gestão da Educação do Campo 122

Considerações finais 129

Estação do(a) Professor(a) 133

    Cinedica 135
    Webdica 138
    Músicas 140
    Vídeos 141

Referências 143

APRESENTAÇÃO DA COLEÇÃO

A Coleção *Educação em Direitos Humanos* tem como objetivos estimular a reflexão e apreensão de conhecimentos teórico-metodológicos sobre os Direitos Humanos; contribuir para a integração de temáticas emergentes nos planos institucionais, projetos, programas, planos de curso e na prática pedagógica dos(as) profissionais das diferentes áreas do conhecimento, níveis e modalidades de ensino, com vista a promover a cultura dos direitos humanos e a formação da cidadania ativa. Essa cidadania é entendida como a concretização dos direitos assegurados, o exercício para a garantia de novos direitos, reivindicação e reclamação de direitos violados.

Nessa perspectiva, a Coleção vem atender a uma área de conhecimento ainda inicial, no Brasil e na América Latina, de forma a subsidiar a elaboração de políticas públicas, produção de materiais didáticos e a formação de estudantes e profissionais das diversas áreas de conhecimento, e de educadores(as) sociais.

No Brasil, historicamente, a Educação em Direitos Humanos (EDH) é uma prática recente, até porque os percursos de construção da sociedade brasileira foram permeados por longos períodos de escravidão, e de regimes políticos alternados por ditaduras, com destaque para as décadas de 1960, 1970 e início dos anos 1980. Nessas décadas, o Brasil vivenciou um dos períodos mais cruéis da sua história, com a instalação do Governo da Ditadura em 1964, produzindo culturas e práticas antidemocráticas, de desrespeito e violações dos direitos, comportamentos preconceituosos, discriminatórios, torturas, assassinatos e desaparecimentos das pessoas na justificativa da defesa do regime ditatorial.

Além desses aspectos, temos uma sociedade com cultura de violências relacionadas, principalmente, a questões de: gênero, raça, etnia, geracional, nível socioeconômico, opção religiosa e política, diversidade sexual e pessoas com deficiência. São comportamentos que permeiam as nossas subjetividades, isto é, as nossas formas de ser, pensar, agir, e muitas vezes são apreendidos sem que tenhamos a consciência dos seus significados e das suas implicações.

No entanto, compreendemos como Nelson Mandela (1994) que: "[...] ninguém nasce odiando outra pessoa pela cor da sua pele, por sua origem ou ainda por sua religião. Para odiar, as pessoas precisam aprender; e, se podem aprender a odiar, podem ser ensinadas a amar". É esse o grande papel e desafio da educação orientada para defesa dos direitos humanos: **Promover uma Educação com respeito integral aos direitos de todas as pessoas e uma formação cidadã, em que elas possam ser agentes e atores do projeto de uma sociedade livre, igualitária, solidária e socialmente justa — uma sociedade, de fato, democrática, fundamentada nos pilares da igualdade de direitos e na liberdade**.

Uma das tarefas da educação nessa perspectiva é fortalecer o Estado Democrático de Direito, de acordo com a Constituição brasileira (1988), e, ao mesmo tempo, dar suporte à implantação das diversas leis, pareceres e resoluções que foram elaborados com a participação da sociedade civil organizada, nos últimos anos, que têm um direcionamento para a concretização dos direitos.

Para isso é necessário que as pessoas conheçam os direitos individuais e coletivos, os deveres e, principalmente, se reconheçam como sujeitos de direitos, atuantes na sociedade. É fundamental a formulação de políticas públicas nos sistemas de ensino em que a Educação em Direitos Humanos seja compreendida como eixo norteador e transversal dos Projetos Pedagógicos Institucionais, e se materializem no currículo escolar. O currículo, além dos componentes curriculares definidos oficialmente, deve abranger temáticas que atendam à diversidade que a sociedade exige, nas diferentes especificidades da educação: ambiental, sexual, quilombola, indígena, afro-brasileira, do campo, religiosa, musical, geracional, para pessoas com deficiência, tecnológica e midiática, entre outras.

Assim, esta Coleção visa atender a essas demandas da sociedade, abordando temáticas específicas de Direitos Humanos que se complementam e se intercruzam com a educação. Os títulos de autoria de especialistas com formação acadêmica e militância política nos ajudam a compreender e trabalhar os conhecimentos teórico-metodológicos da área de Direitos Humanos nas instituições educativas.

Nessa perspectiva, esperamos que a Coleção *Educação em Direitos Humanos* contribua para a definição, a elaboração de políticas públicas e a concretização de práticas pedagógicas com foco na formação de uma cultura de respeito integral aos direitos humanos, na cidadania ativa e no fortalecimento da democracia.

Aida Monteiro
Coordenadora da Coleção

INTRODUÇÃO

A proposta do presente livro sobre **Educação do Campo como Direito Humano** é pautada em dois eixos: a Educação do Campo como direito e a Educação do Campo como espaço de formação em Direitos Humanos para as populações do campo.[1]

A Educação do Campo como direito para a diversidade dos povos do campo é uma questão que se insere na luta pelos direitos humanos. Foi ignorada e marginalizada pelo poder público, inclusive pelas pesquisas, reflexão pedagógica e propostas curriculares. E, esse descaso, segundo pesquisa realizada por Caldart (2004, p. 149), guarda estreita correlação com o encurtamento dos horizontes políticos e educacionais para os povos do campo, o qual reflete a visão pessimista do campo e da Educação do Campo pautada na crença de que "para mexer com a enxada ou cuidar do gado não são necessários nem letras nem competências. Não é necessária a escola", ou seja, não há um reconhecimento da Educação do Campo como direito humano.

---

1. O Decreto n. 7.352, de 4/11/2010, define no § 1º de seu artigo 1º, Populações do Campo: os agricultores familiares, os extrativistas, os pescadores artesanais, os ribeirinhos, os assentados e acampados da reforma agrária, os trabalhadores assalariados rurais, os quilombolas, os caiçaras, os povos da floresta, os caboclos e outros que produzam suas condições materiais de existência a partir do trabalho no meio rural (BRASIL, 2010).

Advinda da organização dos movimentos sociais, a Educação do Campo nasce em contraposição à educação rural, na medida em que reafirma a legitimidade da luta por políticas públicas específicas e por um projeto educativo próprio para os sujeitos que vivem e trabalham no campo, de acordo com a bandeira de luta dos povos do campo.

A Educação do Campo é uma forma de respeito à diversidade cultural ao reconhecer os direitos das pessoas que vivem no campo, no sentido de terem uma educação diferenciada da perspectiva da educação rural, como também daquela que é oferecida aos habitantes das áreas urbanas e que valorize as suas especificidades.

O princípio do respeito à diversidade cultural, nos termos da Declaração Universal sobre a Diversidade Cultural (UNESCO, 2002) e da Diretriz n. 10 — Garantia da Igualdade na Diversidade, do Programa Nacional de Direitos Humanos 3 (BRASIL, SDH/PR, 2010), amplamente reproduzido no direito brasileiro, é aplicável ao campo. Segundo essa Declaração, o respeito à diversidade cultural é um imperativo ético inseparável do respeito à dignidade humana. Isso implica o compromisso de respeitar os direitos humanos e as liberdades fundamentais, em particular, os direitos das pessoas que pertencem às minorias e os dos povos autóctones.

Nesse sentido, a Educação do Campo como direito humano requer estar respaldada em uma política pública nacional de Educação do Campo e da floresta, superando as desigualdades socioeconômicas, socioespaciais, étnico-raciais, de gênero, geracionais, de diversidade sexual e de pessoas com deficiências.

No bojo dessa discussão sobre a Educação do Campo como direito humano, os movimentos sociais do campo e pesquisadores(as) que refletem sobre a temática colocam que a garantia desse direito deve estar vinculada à garantia do direito a terra, ao trabalho, à justiça social.

Uma política nacional para Educação do Campo como direito humano deve contemplar todas as populações do campo, e deve estar articulada com um projeto de fortalecimento da sustentabilidade socioambiental e com o Programa Nacional de Direitos Humanos 3 (BRASIL, SDH/PR, 2010), que assegurem a formação humana, política, social e cultural dos sujeitos. Essa formação é referendada nas Diretrizes Nacionais para a Educação em Direitos Humanos (BRASIL, MEC/CNE, 2012), que tem como objetivo orientar os sistemas de ensino em todos os níveis, modalidades e áreas de conhecimento, a elaboração de políticas educacionais que incorporem os conteúdos dos direitos humanos, nos projetos institucionais e nos currículos escolares.

O fortalecimento da democracia requer o reconhecimento dos Direitos Humanos na medida em que ao lado da sua dimensão política e institucional, a democracia diz respeito também à igualdade econômica e social. Os direitos humanos são frutos das lutas pelo reconhecimento, realização e universalização da dignidade humana, e estão em constante processo de elaboração, ampliando o reconhecimento de direitos em face das transformações ocorridas nos diferentes contextos sociais, históricos e políticos.

A Declaração Universal dos Direitos Humanos, de 1948, iniciou uma nova fase, uma vez que a Cultura de Direitos se ampliava para uma Cultura de Direitos Humanos. Afirmava-se a universalidade dos direitos para todas as nações, povos e seres humanos, integravam-se as várias dimensões de direitos (civis, políticos, econômicos, sociais, culturais) e, ao lado disso, se propugnava a tese de proteção jurídica dos direitos — possibilitando a ideia de direito subjetivo, cujo não cumprimento torna possível ação judicial contra o Estado, garantindo a prerrogativa do direito existente. Desde a segunda metade do século XX, ganharam força as reivindicações específicas por direitos intrínsecos a grupos sociais específicos, que reclamam a identidade na diversidade (BRASIL, CNE/MEC, 2011; BOTO, 2005).

Nesse contexto, destaca-se a demanda particular por direitos de minorias, consideradas excluídas ou, no mínimo, prejudicadas no tecido social: mulheres, negros(as), índios(as), homossexuais, povos do campo, imigrantes, crianças, jovens, idosos(as), pessoas com deficiências e outras. Enfim, do clamor pela igualdade passa-se ao clamor pelas diferenças. A sociedade presencia uma nova onda de direitos: o direito às identidades, à pluralidade cultural e de valores, e, mesmo, à defesa de diferenças e outros que vão surgindo.

Vemos assim ser fundamental compreender que o esforço seria não mais agora voltado para a direção exclusiva da igualdade, ainda que com qualidade, mas, substancialmente, para projetar, acatar e conviver com diferenças: distintas trajetórias, percursos alternativos, diferentes pertenças culturais passam a fazer parte do contexto sociopolítico e educacional.

No Brasil, o tema dos Direitos Humanos ganha força a partir do processo de redemocratização ocorrido nos anos 1980, com a organização política dos movimentos sociais e de setores da sociedade civil. Esses se opuseram a um regime ditatorial militar (1964-1985), que, por suas deliberadas práticas repressivas, configurou-se como um dos períodos mais violadores dos Direitos Humanos.

Nesse processo, a educação vem sendo entendida como uma das mediações fundamentais tanto para o acesso ao legado histórico dos Direitos Humanos quanto para a compreensão de que a cultura dos Direitos Humanos é um dos alicerces para a transformação social. Dessa forma a educação é reconhecida como um dos Direitos Humanos e a Educação em Direitos Humanos é parte fundamental do conjunto desses direitos, inclusive do próprio direito à educação.

Nas últimas décadas tem-se assistido a um crescente processo de fortalecimento da Educação em Direitos Humanos no país, por meio do reconhecimento da relação indissociável entre educação e Direitos Humanos. Desde então foi adotada uma série de dispositivos que visam à proteção e à promoção de direitos de crianças e adolescentes.

Reconhecer e realizar a Educação como Direito Humano e a Educação em Direitos Humanos (EDH) como um dos eixos fundamentais do direito à educação exigem posicionamentos claros quanto à promoção de uma cultura de direitos. Essa concepção de Educação em Direitos Humanos é refletida na própria noção de educação expressa na Constituição Federal de 1988, na Lei de Diretrizes e Bases da Educação Nacional (BRASIL, Lei n. 9.394/1996) e em outros instrumentos normativos legais, como também nos movimentos sociais e organizações da sociedade civil.

Uma formação ética, crítica e política (in)forma os sentidos da EDH na sua aspiração de ser parte fundamental da formação de sujeitos e grupos de direitos, requisito básico para a construção de uma sociedade que articule dialeticamente igualdade e diferença. Como afirma Candau e Sacavino (2010, p. 400): "Hoje não se pode mais pensar na afirmação dos Direitos Humanos a partir de uma concepção de igualdade que não incorpore o tema do reconhecimento das diferenças, o que supõe lutar contra todas as formas de preconceito e discriminação."

Nossa motivação para escrever este livro é, portanto, oferecer subsídios no sentido de ampliar o conhecimento e contribuir para o debate entre os(as) professores(as) e para a formação de estudantes da educação básica em relação à Educação do Campo como direito humano e em direitos humanos. Pretende-se também que as informações aqui sistematizadas possam estimular a elaboração de possíveis projetos de pesquisa e o desenvolvimento de políticas públicas no que diz respeito à educação dos povos do campo.

O livro é composto de três partes. A primeira parte trata do contexto da Educação do Campo no Brasil, em que são analisados o contexto socioeconômico e cultural, a agroecologia e o desenvolvimento sustentável; a territorialidade e a questão agrária e; a história e a cultura das diferentes populações do campo.

A segunda parte, a Educação do Campo e no campo: uma conquista dos povos do campo, aborda-se a construção dessa educação: da educação rural à Educação do Campo, a Educação do Campo como direito dos povos do campo, e a Educação do Campo e a escola do campo.

A terceira parte apresenta a organização da ação pedagógica da Educação do Campo: o campo e seu contexto como espaço pedagógico, discutindo a organização do trabalho pedagógico, o currículo, saberes e práticas educativas, a organização e gestão da Educação do Campo.

E, no final, apresentamos no Espaço do(a) Professor(a) subsídios que possam ajudar a construção de práticas pedagógicas que tenham como eixo a Educação do Campo como um Direito Humano.

1ª PARTE

O contexto da EDUCAÇÃO do campo no Brasil

O CONTEXTO DA EDUCAÇÃO DO CAMPO NO BRASIL

1. REFLEXÕES SOBRE O CAMPO NO CONTEXTO SOCIOECONÔMICO E CULTURAL BRASILEIRO, A AGROECOLOGIA E O DESENVOLVIMENTO SUSTENTÁVEL

O contexto socioeconômico e cultural brasileiro

Os avanços da exploração capitalista e o processo de modernização da agricultura, no Brasil, caracterizam-se pela concentração da propriedade da terra e fortalecimento de unidades de produção cada vez maiores.

Os dados estatísticos (BRASIL/IBGE, 2006) demonstram que os pequenos estabelecimentos[1] — com menos de dez hectares — representam 47% do contingente de estabelecimentos agrí-

---

1. Estabelecimento agropecuário (IBGE) — Estabelecimento agropecuário é todo terreno de área contínua, independentemente do tamanho ou situação (urbana ou rural), formado de uma ou mais parcelas, subordinado a um único produtor, onde se processa uma exploração agropecuária, ou seja: o cultivo do solo com culturas permanentes e temporárias, inclusive hortaliças e flores; a criação, recriação ou engorda de animais de grande e médio porte; a criação de pequenos animais; a silvicultura ou o reflorestamento; e a extração de produtos vegetais.

colas no país, enquanto a área ocupada por eles é de, apenas, 2,7% do total. Nesta mesma direção, os estabelecimentos com menos de cem hectares são cerca de 90% do total, ocupando uma área em torno de 20%. No polo oposto, os estabelecimentos com área maior ou igual a cem hectares representam, apenas, 9,6% do total, e ocupam 78,6% da área dedicada à atividade; e os com mais de mil hectares são, apenas, 0,9% do total, mas ocupam um elevado percentual da área: 43%.

Dentro desse mesmo contexto, os dados do Sistema Nacional de Cadastro do Incra, relativos a 2009, identificam também a elevada concentração fundiária na realidade rural brasileira: os imóveis[2] com menos de dez hectares são 33,7%, ocupando, apenas, 1,4% da área total, enquanto os de mil hectares e mais representam 1,6% e ocupam 52,2% de área (BRASIL/INCRA, 2009).

A estrutura fundiária extremamente concentrada é também identificada pelo índice de Gini,[3] que tem se apresentado em um mesmo patamar ao longo dos anos: 0,836 em 1967 e 0,854 em 2006 (DIEESE/MDA/NEAD, 2011).

Ao lado dessa concentração são impostas novas condições para a lucratividade, uma vez que as culturas que utilizam insu-

---

2. Imóvel Rural (Incra) — Imóvel Rural, para os fins de cadastro do Incra, é o prédio rústico, de área contínua, formado de uma ou mais parcelas de terra, pertencente a um mesmo dono, que seja ou possa ser utilizada em exploração agrícola, pecuária, extrativa vegetal ou agroindustrial, independentemente de sua localização na zona rural ou urbana do município, com as seguintes restrições: I — Os imóveis localizados na zona rural do município cuja área total for inferior a 5.000 m² não são abrangidos pela classificação de "Imóvel Rural" e não são objetos de cadastro. II — Os imóveis rurais localizados na zona urbana do município somente serão cadastrados quando tiverem área total igual ou superior a 2 (dois) hectares (ha) e que tenham produção comercializada.
3. Índice de Gini é um indicador de desigualdade muito utilizado para verificar o grau de concentração da terra e da renda. Varia no intervalo de 0 a 1, significando que quanto mais próximo de 1, maior é a desigualdade na distribuição, e, quanto mais próximo de 0, menor é a desigualdade.
   Os valores extremos, 0 e 1, indicam perfeita igualdade e máxima desigualdade, respectivamente (Brasil. Incra. O Brasil desconcentrando terras. Dieese, 2001).

mos modernos e produzem para a exportação e/ou transformação industrial têm um espaço privilegiado na balança comercial.

As políticas de modernização subsidiadas pelo Estado vêm promovendo também a capitalização dos processos de trabalho rurais e a mercantilização crescente da agricultura de pequena escala. O objetivo da modernização é transformar o latifúndio, símbolo da agricultura primitiva, colonial, numa grande empresa capitalista (GOODMAN, SORJ e WILKINSON, 1985).

Esse quadro, historicamente, permanece praticamente inalterado. Desde as capitanias hereditárias até os latifúndios modernos, a estrutura fundiária brasileira vem sendo mantida pelos mais altos índices de concentração do mundo. Isso tem provocado grandes desigualdades socioeconômicas no campo brasileiro, com o alto preço de destruição da agricultura familiar, devastação e degradação dos empregos rurais, miséria da população rural, elevados índices de analfabetismo e deterioração do meio ambiente.

O campo brasileiro se pauta em um modelo agrário que tem como características uma crescente internacionalização da agricultura brasileira expressa pelo controle da tecnologia, do processamento agroindustrial e da comercialização da produção agropecuária, bem como pela aquisição de terra. São transformações recentes na dinâmica produtiva da agropecuária que têm fomentado uma crescente insegurança alimentar, e a persistência da violência, da exploração do trabalho e da devastação ambiental.

No caso da educação, essas desigualdades são demonstradas pelo elevado índice de analfabetismo: 23,2% da população rural brasileira com 15 anos e mais é analfabeta e 80% dos(as) trabalhadores(as) rurais não chegaram a concluir o ensino fundamental. Na faixa etária de 9 a 16 anos, a adequação idade-anos de estudo existe para 75% dos jovens do Brasil urbano e, apenas, para 56% dos(as) jovens do Brasil rural. Os anos de escolaridade do Brasil rural (4,5 anos) é a metade do Brasil urbano (7,8 anos) (BRASIL/IBGE, 2010).

Essas desigualdades, inclusive as educativas e escolares, demonstram que há uma dívida histórica por parte dos poderes públicos quanto ao aporte de políticas públicas para os povos do campo. A luta dos(as) trabalhadores(as) rurais tem sido fundamental para a materialização dessas políticas, na medida em que vem contribuindo para a elaboração e a aprovação de normas legais para o seu desenvolvimento e inserido os(as) trabalhadores(as) rurais como protagonistas desse processo de construção de uma Educação do Campo como política pública.

O agronegócio é a denominação do novo modelo de desenvolvimento econômico da agropecuária capitalista. A sua origem está no sistema *plantation*, em que grandes propriedades são utilizadas na produção para exportação e vem passando por modificações e adaptações, intensificando a exploração da terra e do(a) homem/mulher. Houve o aperfeiçoamento do processo, mas não a solução dos problemas socioeconômicos e políticos: o latifúndio efetua a exclusão pela improdutividade, o agronegócio promove a exclusão pela intensa produtividade. O agronegócio é um novo tipo de latifúndio que não concentra e domina apenas a terra, mas também a tecnologia de produção e as políticas de desenvolvimento (FERNANDES e MOLINA, 2012).

Em outro patamar, destaca-se a agricultura camponesa, a qual vive em confronto permanente com a agricultura capitalista. A maior parte da população que trabalha no campo está ocupada na agricultura familiar, porém essa população fica com a menor parte do território e está subordinada através da renda capitalizada da terra, o que gera seu empobrecimento e expropriação, provocando o aumento da miséria no campo. Entretanto, de forma contraditória, se o agronegócio avança, também avançam os movimentos camponeses na construção de seus territórios. A agricultura camponesa tem um importante papel na geração de trabalho e renda. São as pequenas unidades de produção que garantem o maior número de pessoas ocupadas em relação ao total de postos de trabalho, gerando assim um maior número de empregos no campo brasileiro.

Fazendo uma análise comparativa das principais características entre o campo do agronegócio e o campo da agricultura camponesa, apreende-se uma considerável diferença entre eles.

O campo do agronegócio é o da monocultura; da paisagem homogênea e simplificada; da produção preferencialmente para exportação; do cultivo e criação onde predominam as espécies exóticas; da erosão genética; da tecnologia de exceção com elevado nível de insumos externos; da competitividade e eliminação de empregos; do decréscimo do trabalho assalariado; da concentração de riquezas, aumento da miséria e da injustiça social; do êxodo rural e periferias urbanas inchadas; do campo com pouca gente; do paradigma da educação rural e da perda da diversidade cultural (FERNANDES, 2008; FERNANDES e MOLINA, 2012).

O campo da agricultura camponesa é o da policultura — uso múltiplo dos recursos naturais; da paisagem heterogênea e complexa; da produção para o mercado interno e para exportação; do cultivo e criação onde predominam as espécies nativas e da cultura local; da conservação e enriquecimento da diversidade biológica; da tecnologia apropriada, apoiada no saber local, com base no uso da produtividade biológica primária da natureza; do trabalho familiar e geração de emprego; da democratização das riquezas e no desenvolvimento local; da permanência, resistência na terra e migração urbano-rural; do campo do trabalho familiar e da reciprocidade, do paradigma da Educação do Campo e da riqueza cultural diversificada (Idem, ibidem).

A construção do modelo de desenvolvimento capaz de garantir aos(às) brasileiros(as) condições dignas de vida passa pelo campo. A luta pela terra e na terra tem promovido uma revalorização do campo como lugar de trabalho e espaço de vida. Nesse sentido, o rural está sendo revalorizado e a agricultura familiar reconhecida. É essa ruralidade da agricultura familiar que faz a diferença em relação ao trabalho no campo (WANDERLEY, 2000).

A agroecologia

A agroecologia constitui um conjunto de conhecimentos sistematizados, baseados em saberes e técnicas tradicionais que são utilizados há milênios por povos indígenas e camponeses por vários continentes do planeta. Adota princípios ecológicos e valores culturais às práticas agrícolas que, com o tempo, foram desecologizadas e desculturalizadas pela capitalização e tecnificação da agricultura (LEFF, 2002, p. 42).

A agroecologia se opõe ao modelo tecnológico promovido pela Revolução Verde, que foi introduzido a partir da década de 1950 em muitos países, inclusive no Brasil, uma vez que este se baseia na introdução de variedades modernas de alta produtividade e em sistemas especializados fundados na homogeneização das práticas de uso e manejo ambiental. A Revolução Verde foi proposta como um pacote tecnológico, visando elevar ao máximo a capacidade potencial dos cultivos e criações através da utilização intensiva de motomecanização, de insumos químicos, sementes de laboratório, dos equipamentos pesados de irrigação e de grandes extensões de terra (PEREIRA, 2012; ALMEIDA et al., 2001).

A proposta agroecológica surgiu como contestação à outra forma de desenvolvimento, como alternativa ao modelo agrícola vigente no século XX e apresenta conexões, no debate social atual, com a agricultura orgânica, a agricultura familiar, o ambientalismo, sistemas tradicionais de produção, agroflorestas e com o desenvolvimento sustentável. Ela tem-se apoiado no uso potencial da diversidade social e dos sistemas agrícolas, especialmente daqueles que os agentes reconhecem como estando o mais próximo dos "modelos" camponês e indígena (SEVA, 2010; GUHUR e TONÁ, 2012).

A agroecologia substituiu, pouco a pouco, a noção de tecnologia alternativa, muito em evidência em meados na década de 1970 até o final da década de 1980. Ela buscou ampliar a percepção do agrícola, do rural e da sociedade. Mesmo sendo pensada, primeiramente, para tratar do "agro", a agroecologia, através de uma intervenção mais localizada, tem presente a visão macro, ou sistêmica. E, nesse aspecto, parece ter evoluído em relação à tecnologia (agricultura) alternativa.

Os sistemas agroecológicos adotam como princípios básicos a menor dependência possível de insumos externos e a conservação dos recursos naturais. Em contrapartida, procuram maximizar a reciclagem de energia e nutrientes, de forma a minimizar a perda desses recursos durante os processos produtivos. Esses princípios gerais se manifestam na prática por meio de sistemas complexos e diversificados, pela manutenção de policultivos anuais e perenes combinados com criações e com o uso sustentado da biodiversidade nativa (PETERSEN, 1998).

Altieri (2012) define a agroecologia como ciência, vai mais além do uso de práticas alternativas e do desenvolvimento de agroecossistemas com baixa dependência de agroquímicos e de aportes externos de energia. Fundamenta-se na aplicação da ecologia para o estudo, o desenho e o manejo de agroecossistemas sustentáveis, que sejam produtivos e, ao mesmo tempo, conservem os recursos naturais, assim como sejam culturalmente adaptados e social e economicamente viáveis. Busca superar o conhecimento fragmentário e unidimensional (genética, agronomia, edafologia) dos agrossistemas, inclui dimensões ecológicas, sociais e culturais, enfatizando as inter-relações entre seus componentes e a dinâmica complexa dos processos ecológicos na perspectiva de uma abordagem integrada.

Segundo Altieri (2012, p. 109-10):

atualmente, há uma grande quantidade de práticas e tecnologias disponíveis que variam tanto em efetividade quanto em valor estratégico. As práticas mais recomendadas são aquelas de natureza preventiva, multifuncionais e que atuam reforçando a imunidade do agroecossistema, por meio de uma série de mecanismos.

Entre esses mecanismos, sugere esse autor:

- Aumentar as espécies de plantas e a diversidade genética no tempo e no espaço.
- Melhorar a biodiversidade funcional (inimigos naturais, antagonistas etc.).
- Incrementar a matéria orgânica do solo e a atividade biológica.
- Aumentar a cobertura do solo e a capacidade de supressão da vegetação espontânea.
- Eliminar agrotóxicos e seus resíduos.

Sevilla-Guzmán (2001, p. 1) amplia significativamente a compreensão do que é agroecologia ao colocar que esta não pode ser entendida apenas como um conjunto de técnicas. Ela é definida como manejo ecológico dos recursos naturais com a aplicação de estratégias de ação coletiva desenvolvidas de forma participativa, "desde os âmbitos da produção e da circulação alternativa de seus produtos, pretendendo estabelecer formas de produção e consumo que contribuam para fazer frente à atual deterioração ecológica e social gerada pelo neoliberalismo".

Dessa forma, essa perspectiva que propõe conceber a agroecologia para além de instrumento metodológico possibilita um melhor entendimento da relevância das variáveis socioculturais, políticas e econômicas intervenientes na discussão dessa temática.

Nesse sentido, Guhur e Toná (apud GLIESSMAN, 2012, p. 61) colocam que um conceito base para compreender a agroecologia é a coevolução entre os sistemas naturais e sociais, entre ambiente e cultura, sendo que os seres humanos têm a capacidade de direcionar essa coevolução. E as populações do campo são atores essenciais nesse processo.

Essa abordagem, segundo Guhur e Toná (2012, p. 62), "reconhece que as populações do campo são portadoras de um saber legítimo, construído através de processos de tentativa e erro, de seleção e aprendizagem cultural, que lhes permitiram captar o potencial dos agroecossistemas com os quais convivem há gerações". A concepção mais recente de agroecologia incorpora a prática dos movimentos sociais do campo que a concebem como parte de sua estratégia de luta e do enfrentamento ao agronegócio e do sistema capitalista. A agroecologia inclui o cuidado e defesa da vida, produção de alimentos, consciência política e organizacional.

Tratar a questão da agroecologia nas escolas do campo requer compreender como ela se organiza na realidade em que essas escolas se localizam. Para tanto, é fundamental partir da história dos povos do campo e o ambiente em que vivem, buscando "correlacioná-los e problematizá-los à luz da história da agricultura e dos movimentos sociais a que pertençam e das potencialidades e limitações ecológicas e agrícolas do ambiente local, de modo a alcançar o desencadeamento da experimentação em agroecologia" (TARDIN, 2006, p. 1).

Para tanto, é fundamental não descartar a ciência e a tecnologia, mas estabelecer um diálogo de saberes entre o conhecimento científico e o conhecimento dos povos do campo e da floresta. Um diálogo não exclusivamente técnico, mas que incorpore as dimensões ética e cultural além da econômica e ecológica, e que se materialize em ações coletivas (GUHUR e TONÁ, 2012).

O diálogo de saberes é uma busca pela interlocução entre o saber popular e os conhecimentos científicos. Dessa forma, "inspira-se na experiência histórica das comunidades camponesas em seus caminhos de elaboração e aplicação dos conhecimentos" (TARDIN, 2006, p. 2), e também nas diversas práticas de educação popular, desenvolvidas especialmente na América Latina. Vem sendo formulado e organizado a partir da demanda dos movimentos sociais do campo por organizar a produção da existência em bases agroecológicas, como forma de resistência às investidas do agronegócio (GUHUR e TONÁ, 2012).

Há uma grande contribuição de Paulo Freire quanto à reflexão sobre o "diálogo de saberes", uma vez que no caso da agroecologia o que se propõe é o estabelecimento do diálogo entre técnicos(as) e camponeses(as), enquanto sujeitos educando(a)-educadores(as), entre a experiência histórica das comunidades camponesas e a experiência e conhecimentos sistematizados escolares/acadêmicos, contribuindo para novas sínteses de conhecimentos, novas práticas e relações (FREIRE, 1987, 1992).

A partir do conceito concebido por Freire de "invasão cultural", e de suas implicações diretas na consciência (mágica, ingênua), e na busca pela consciência crítica, é que se vai estabelecer o diálogo em superação ao antidiálogo. Também se busca em Freire os instrumentos que orientam o diálogo numa perspectiva problematizadora: os Temas Geradores, deduzidos de situações-limite e contradições; e seu processo de codificação e decodificação (FREIRE, 1987, 1992).

O desenvolvimento sustentável

O desenvolvimento sustentável surgiu a partir das críticas às políticas neoliberais adotadas, que priorizam o crescimento econômico em prejuízo do desenvolvimento social e, sobretudo, ambiental. O predomínio de uma lógica econômica exclusiva como paradigma de desenvolvimento mostrou-se incompatível com as reivindicações sociais básicas e estava comprometendo os recursos naturais, o que gerou uma espécie de consenso quanto à necessidade de substituir-se o padrão de desenvolvimento.

Para situar melhor essa questão torna-se necessário buscar a origem e a discussão do conceito de ecodesenvolvimento, o qual foi concebido em 1973 por Maurice Strong. Ele, a partir da crítica a importação do modelo de desenvolvimento dominante no Primeiro Mundo para o Terceiro Mundo, propõe um estilo de desenvolvimento adaptado às áreas rurais do Terceiro Mundo, baseado na utilização criteriosa dos recursos locais sem comprometer o esgotamento da natureza. Na década de 1980, o economista Ignacy Sachs desenvolve o termo conceitualmente, baseando-se em três pilares: eficiência econômica, justiça social e prudência ecológica (SILVA, 2012; SACHS, 1986; LAYRARGUES, 1997).

A partir desses pilares, Sachs (1986) define os princípios básicos dessa nova visão do desenvolvimento e incorpora outras dimensões, como a satisfação das necessidades básicas, a solidariedade com as gerações futuras, a participação da população, a preservação dos recursos naturais e do meio ambiente em geral, a elaboração de um sistema social garantindo emprego, segurança social e respeito a outras culturas, programas de educação e defesa da necessidade de separação dos países centrais dos periféricos, para garantir o desenvolvimento dos últimos.

Os debates sobre o ecodesenvolvimento que possibilitaram a reflexão sobre concepções relativas à participação social, diversidade cultural e ecológica, soluções localmente adaptadas, pluralismo tecnológico, solidariedade intergeracional e integração entre as dimensões sociocultural, político-institucional, econômica, ecológica e territorial, prepararam a adoção posterior do desenvolvimento sustentável (SACHS, 1986; BRÜSEKE, 1996; DELGADO, 2001; SILVA, 2012).

O desenvolvimento sustentável foi abordado no âmbito das Nações Unidas, pela primeira vez, no Relatório Brundtland "Nosso Futuro Comum", que é o resultado do trabalho da Comissão Mundial da Organização das Nações Unidas sobre o Meio Ambiente. O Relatório definiu o desenvolvimento sustentável como aquele que satisfaz as necessidades do presente sem comprometer a capacidade de as futuras gerações satisfazerem as suas próprias necessidades, através da superação da pobreza e do respeito aos limites ecológicos (BRÜSEKE, 1998).

O Relatório Brundtland estabeleceu, ainda, que o desenvolvimento sustentável requer a eliminação da pobreza e a adoção de estilos de vida que atendam às necessidades básicas dos seres humanos, e propõe metas a serem realizadas em nível internacional, tendo como agentes as diversas instituições internacionais. Entretanto, de forma contraditória, não descarta a necessidade do crescimento econômico e apregoa esse crescimento tanto nos países industrializados como nos não industrializados. Define o nível de consumo mínimo partindo das necessidades básicas, mas é omisso na discussão detalhada do nível de consumo nos países industrializados (Idem, ibidem).

O conceito de desenvolvimento sustentável incorpora as múltiplas dimensões para o desenvolvimento humano: econômica, social, política, cultural e ambiental. Aspectos como a socialização dos frutos do crescimento, acesso igual às oportunidades, universalização dos direitos de saúde, nutrição, habitação, educação, fazem parte do conceito de desenvolvimento humano. Este comporta tanto o desenvolvimento das capacidades humanas como a sua utilização produtiva, extrapolando o enfoque apenas setorial (educação, saúde ou outros serviços sociais) e propondo um desenvolvimento das pessoas, para as pessoas e pelas pessoas (CORAGGIO, 1996).

Acserald e Leroy (1999), analisando posições acerca do desenvolvimento sustentável, consolidam-nas em dois blocos:

a) as que adotam como princípio a conservação social;
b) as que projetam a sustentabilidade no campo da transformação social.

O primeiro bloco parte da razão prática, fundada na teoria da utilidade e na lógica da vantagem material, sua relação entre meios e fins. O segundo bloco preconiza a razão cultural, que é aquela que entende ser a ação do homem no mundo mediatizada por um projeto cultural que ordena a experiência prática para além da simples lógica utilitarista, ou seja, para além da relação entre os meios e os fins dominantes do crescimento econômico e da acumulação de capital.

Tratar a questão do desenvolvimento sustentável é buscar fortalecer o campo democrático, trazendo a discussão para o conjunto das relações sociais. Sustentáveis são as formas sociais de apropriação e uso do meio ambiente, consideradas na sua diversidade, e não dos recursos naturais. A perspectiva democrática vê na extensão territorial e no meio ambiente o suporte da diversidade social e ecológica em que todas as formas, condições e práticas se inter-relacionem (ACSERALD e LEROY, 1999).

De acordo com essa perspectiva, Silva (2001) propõe alguns princípios básicos para a construção de uma proposta de desenvolvimento sustentável: equidade e participação social; diversidade sociocultural e ecossistêmica; autonomia local, autossuficiência e estabilidade, integração do ser humano ao meio ambiente, fortalecimento das comunidades rurais e permanência na terra; articulação entre uma ciência moderna mais holística e integrada e o saber tradicional.

O desenvolvimento sustentável encontra respaldo na legislação brasileira relativa aos povos do campo. Nas Diretrizes

Operacionais para a Educação Básica nas Escolas do Campo encontram-se referências sobre essa temática. Uma dessas referências é que a educação escolar é importante e necessária para "[...] o desenvolvimento de um país cujo paradigma tenha como referências a justiça social, a solidariedade e o diálogo entre todos [...]", que o desenvolvimento deve ser "economicamente justo e ecologicamente sustentável" e que as parcerias nas escolas deverão observar o "direcionamento das atividades curriculares e pedagógicas para um projeto de desenvolvimento sustentável". Para isso são necessárias a contribuição e participação das crianças, jovens e adultos do campo, como protagonistas "na construção da qualidade social, da vida individual e coletiva, da região, do país e do mundo" (BRASIL, MEC/CNE/CEB, 2002 — Resolução n. 1 dos artigos 3º, 4º, 8º e 13º).

O Decreto n. 6.040/2007, que institui a Política Nacional de Desenvolvimento Sustentável dos Povos e Comunidades Tradicionais, em seu artigo 3º, inciso III, coloca a seguinte concepção de desenvolvimento sustentável: "o uso equilibrado dos recursos naturais, voltado para a melhoria da qualidade de vida da presente geração, garantindo as mesmas possibilidades para as gerações futuras". O documento anexo ao decreto, que trata dos Princípios da Política, propõe em seu artigo 1º, inciso V, o desenvolvimento sustentável como um dos princípios: "o desenvolvimento sustentável como promoção da melhoria da qualidade de vida dos povos e comunidades tradicionais nas gerações atuais, garantindo as mesmas possibilidades para as gerações futuras e respeitando os seus modos de vida e as suas tradições" (BRASIL/PR, 2007, p. 2).

A Lei n. 11.947/2009, que dispõe sobre o atendimento da alimentação escolar e do Programa Dinheiro Direto na Escola aos alunos da educação básica, altera as Leis ns. 10.880/2004, 11.273/2006, 11.507/2007; revoga dispositivos da Medida Provisória n. 2.178-36/2001, e a Lei n. 8.913/1994; dá outras providências e ressalta a importância do Desenvolvimento Sustentável (BRASIL/PR, 2009).

Em seu artigo 2º, inciso V, regulamenta uma das diretrizes da alimentação escolar:

> o apoio ao desenvolvimento sustentável, com incentivos para a aquisição de gêneros alimentícios diversificados, produzidos em âmbito local e preferencialmente pela agricultura familiar e pelos empreendedores familiares rurais, priorizando as comunidades tradicionais indígenas e de remanescentes de quilombos (BRASIL/PR, 2009, p. 1).

O artigo 12º dessa lei normatiza que,

> os cardápios da alimentação escolar deverão ser elaborados pelo nutricionista responsável com utilização de gêneros alimentícios básicos, respeitando-se as referências nutricionais, os hábitos alimentares, a cultura e a tradição alimentar da localidade, pautando-se na sustentabilidade e diversificação agrícola da região, na alimentação saudável e adequada (BRASIL/PR, 2009, p. 2).

O Decreto n. 7.352/2010, que dispõe sobre a política de Educação do Campo e o Programa Nacional de Educação na Reforma Agrária (Pronera) regulamenta, em seu artigo 2º, inciso II, como um dos princípios da Educação do Campo:

> o incentivo à formulação de projetos político-pedagógicos para as escolas do campo estimulando o desenvolvimento das unidades escolares como espaços públicos de investigação e articulação de experiências e estudos direcionados para o desenvolvimento social, economicamente justo e ambientalmente sustentável, em articulação com o mundo do trabalho (BRASIL/PR, 2010, p. 1).

Em seu artigo 4º, inciso V, propõe a construção, reforma, adequação e ampliação de escolas do campo, de acordo com critérios de sustentabilidade e acessibilidade, respeitando as diversidades regionais, as características das distintas faixas etárias e as necessidades do processo educativo (BRASIL/PR, 2010, p. 2).

Trabalhar com esse tema nas Escolas do Campo requer tratar o desenvolvimento sustentável de maneira historicamente situada (na realidade local, territorial, nacional e mundial), tendo como referências a justiça social, a solidariedade e o diálogo, levando-se em conta um desenvolvimento economicamente justo e ecologicamente sustentável.

Nessa perspectiva de desenvolvimento sustentável se faz necessária a compreensão crítica ao processo de desenvolvimento, nos vários aspectos: sustentabilidade econômica, ecológica, sociopolítica e cultural. Esses aspectos não podem ser tratados de maneira fragmentada e isolada, mas no conjunto, e de forma articulada (QUEIROZ, 2011; NASCIMENTO, 2012).

A **sustentabilidade econômica** está articulada ao desenvolvimento de atividades produtivas, seja na produção de alimentos, na geração de renda, nos sistemas de troca ou de comercialização. Supõe o aumento da eficiência da produção e do consumo com economia crescente de recursos naturais, com destaque para recursos permissivos, como as fontes fósseis de energia, e os recursos delicados e mal distribuídos, como a água e os minerais. Trata-se daquilo que alguns denominam coeficiência, que supõe uma contínua inovação tecnológica que nos leve a sair do ciclo fóssil de energia (carvão, petróleo e gás) e ampliar a desmaterialização da economia.

Nesse sentido, as escolas precisam contribuir para o conhecimento, o aprofundamento, a discussão, a análise crítica da dimensão econômica no campo brasileiro.

A **sustentabilidade ecológica** tem sido muito discutida, sobretudo com a constatação de que a maneira capitalista de se apropriar da natureza, organizando a produção, a comercialização, tem se mostrado destruidora, injusta, desigual, inviável e, consequentemente, insustentável. Ela supõe que o modelo de produção e consumo seja compatível com a base material em que se assenta a economia, como subsistema do meio natural. Trata-se, portanto, de produzir e consumir de forma a garantir que os ecossistemas possam manter sua autorreparação. Por isso é preciso estabelecer uma relação respeitosa com a natureza, no sentido de conservar, manter e recuperar os recursos naturais, o que possibilitará a manutenção e o funcionamento dos ecossistemas.

A **dimensão sociopolítica** da sustentabilidade está diretamente associada à solidariedade dos povos do campo, ao fortalecimento dos laços sociais existentes e em construção, bem como ao exercício da democracia e da participação, fortalecendo as suas lutas e organizações na perspectiva de romper com as concepções e práticas autoritárias e centralizadoras no campo.

Outra dimensão do desenvolvimento sustentável é a **dimensão cultural**. Essa dimensão preconiza a valorização, o respeito e a afirmação da diversidade cultural, com suas diversas identidades nos vários campos da vida. As origens étnicas, culturais dos povos do campo deverão ser aqui resgatadas levando ao reconhecimento, à valorização, à socialização e à troca dos diversos e variados tipos de saberes e de conhecimentos que os povos do campo vêm tecendo ao longo da vida e de sua história.

Tratar este tema do desenvolvimento sustentável nas Escolas do Campo, como norteador nos diversos níveis, modalidades, tempos e espaços, é um exercício permanente de diálogo e interação com todos os outros temas. Por isso, é importante trabalhar os temas de maneira articulada, didática e pedagogicamente.

Uma sociedade sustentável supõe que todos(as) cidadãos(ãs) tenham o mínimo necessário para uma vida digna e que ninguém absorva bens, recursos naturais e energéticos que sejam prejudiciais a outros. Isso significa erradicar a pobreza e definir o padrão de desigualdade aceitável, delimitando limites mínimos e máximos de acesso a bens materiais.

2. A TERRITORIALIDADE E A QUESTÃO AGRÁRIA

Os territórios são espaços de ação e de poderes. São formas, mas os territórios usados são objetos e ações, sinônimo de espaço humano, espaço habitado. O território só se torna um conceito utilizável para a análise social quando é pensado a partir do seu uso, a partir do momento em que o pensamos juntamente com aqueles atores que dele se utilizam.

A concepção de campo deve contemplar o desenvolvimento territorial das famílias que trabalham e vivem da terra. É no território que os povos do campo reproduzem as relações sociais que caracterizam suas identidades e que possibilitam a sua permanência na terra. E, para se fortalecerem, necessitam de projetos políticos próprios de desenvolvimento socioeconômico, cultural, educacional e ambiental (FERNANDES, 2004; MOLINA, 2004).

O território resulta da apropriação/dominação do espaço geográfico por uma dada relação social, pelo exercício de uma forma de poder. É a apropriação/dominação material (como a conquista de um latifúndio que se transforma em assentamento de reforma agrária) ou imaterial (a representação cartográfica do espaço para uma dada finalidade, por exemplo) do espaço geográfico que promove sua fragmentação, cujo processo desemboca em conflitos. O território é uma concessão para aqueles(as) que nele podem entrar e uma confrontação para os que ficam de fora (FERNANDES, 2008).

O conceito de território, segundo Leite e Delgado (2011), reflete as disputas existentes entre estratégias distintas, como aquela que acentua o processo de crescimento econômico com forte vocação exportadora na área agrícola ou, ainda, outra que valorize os processos de desenvolvimento sustentável aliado à ideia de justiça e/ou equidade social.

O território é um dos principais elementos da questão agrária e é disputado pelos sujeitos e pelas instituições. A propriedade da terra é o tipo de território que está em disputa na questão agrária. O campesinato e o agronegócio produzem seus territórios como condição de suas recriações por meio da territorialização. Esse processo gera conflitualidade por meio dos enfrentamentos entre essas diferentes relações sociais (FERNANDES, 2009).

No caso do território do campo, é espaço de liberdade e dominação, de expropriação e resistência. Esse conceito de território é fundamental para entender os espaços e enfrentamentos entre a agricultura camponesa e o agronegócio, considerando que disputam projetos distintos e projetam distintos territórios (FERNANDES, 2004; SANTOS, 2001).

A questão agrária se constitui em um problema estrutural do modo capitalista de produção. A lógica que permeia o modo capitalista de produção — que é a reprodução ampliada do capital — provoca o desenvolvimento desigual, por meio da concentração de poder expresso em diferentes formas, por exemplo: propriedade da terra, dinheiro e tecnologia.

A reprodução ampliada do modo capitalista de produção precisa garantir a sua existência. E, para tanto, o capital necessita se territorializar sem limites. Para a sua territorialização, o capital procura destruir outros territórios, como, por exemplo, os de camponeses e indígenas. Esse processo de territorialização e desterritorialização gera conflitualidades diferenciadas que se modificam de acordo com a conjuntura da questão agrária. Entretanto, a questão agrária não é uma questão conjuntural, mas é uma questão estrutural (FERNANDES, 2001).

Fernandes (2001, p. 23) define a questão agrária como "o movimento do conjunto de problemas relativos ao desenvolvimento da agropecuária e das lutas de resistência dos trabalhadores, que são inerentes ao processo desigual e contraditório das relações capitalistas de produção". São lutas empreendidas pelos movimentos sociais que dão destaque à enorme violência de que são vítimas as populações do campo que lutam por direitos trabalhistas, acesso à previdência social, direito à posse, reforma agrária e por melhorias das suas condições de vida e de trabalho.

O quadro resultante dessa violência é demonstrado por trabalhadores(as) assassinados(as), famílias expulsas violentamente, casas e roças incendiadas etc. Durante a ditadura militar, no Brasil, o uso do termo "camponês" poderia ser suficiente para desencadear prisões, torturas e assassinatos. Entretanto, a violência privada sobre os(as) camponeses(as), antes e depois de 1964, é complexa e diversificada em suas formas: vai desde ações de impacto e ostensivas, até outras mais sutis, que procuram minar a sua capacidade de resistência (MARTINS, 1989).

A luta pela terra é uma ação desenvolvida pelos camponeses para nela entrar e resistir contra a expropriação. Em todos os períodos da história, os(as) camponeses(as) lutaram pela terra das mais diferentes formas. Desde as lutas messiânicas até o cangaço. Lutaram contra o cativeiro, pela liberdade humana. Lutaram construindo organizações históricas. Das Ligas Camponesas ao MST, a luta nunca cessou, em nenhum momento.

Os estudos sobre os povos do campo vêm apresentando o seu envolvimento nas lutas sociais e culturais no sentido de garantirem a sua sobrevivência. A luta pela terra e na terra pelos diferentes povos do campo tem promovido uma revalorização do campo como espaço de vida onde esses sujeitos podem morar, trabalhar e estudar com dignidade. Essa dignidade está atrelada ao lugar e à identidade cultural desses sujeitos inseridos em cada região brasileira (CALDART, CERIOLI e FERNANDES, 2004).

O latifúndio e o agronegócio são territórios do capital tendo em vista as suas características excludentes: a grande propriedade, a especulação imobiliária, os grandes impactos ambientais, a superprodução e superexploração e a concentração do poder político e econômico. O latifúndio exclui pela improdutividade e especulação imobiliária privando os camponeses do acesso à terra. O agronegócio exclui pela produção em grande escala e intensa territorialização, impossibilitando o camponês do acesso à terra.

Girardi e Fernandes (2006) colocam que o território do agronegócio é um espaço que compreende as grandes propriedades, a exploração do trabalho, crimes ambientais, mecanização intensa, superprodução e concentração do poder econômico e político, enquanto o território do campesinato compreende a luta pela terra e envolve, sobretudo, as pequenas propriedades, relações não capitalistas de produção, menor impacto ambiental, ocupações de terras e assentamentos rurais.

As diferenças entre esses dois territórios: o do agronegócio ou a agricultura capitalista e o da agricultura camponesa revelam os distintos usos dos territórios. Enquanto para o campesinato a terra é lugar de produção, de moradia e de construção da sua cultura, para o agronegócio a terra é um lugar somente de produção de mercadorias do negócio.

A disputa entre os dois diferentes sistemas que são o agronegócio e o campesinato produz, no interior da questão agrária, um processo conflitivo, pois "conflito agrário e desenvolvimento são processos inerentes da contradição estrutural do capitalismo e paradoxalmente acontecem simultaneamente [...] e a questão agrária sempre esteve relacionada com os conflitos por terra" (FERNANDES, 2005, p. 2). A questão agrária é o movimento de destruição e recriação de relações capitalistas e camponesas de produção, tendo nascido da "contradição estrutural do capitalismo que produz simultaneamente a concentração da riqueza e a expansão da pobreza" (Idem, ibidem, p. 4).

Os movimentos sociais do campo são os principais responsáveis pela inserção da questão agrária como elemento imprescindível para a melhoria das condições de vida e de trabalho dos povos do campo e para o desenvolvimento do campo. As causas defendidas por esses movimentos representam o que existe de mais atual na questão agrária. Camponeses(as) sem terra, com pouca terra, ameaçados pelo modelo agrícola dominante ou insatisfeitos com ele, formam esses movimentos.

No Brasil, o mais importante movimento social camponês é o Movimento dos Trabalhadores Rurais Sem Terra (MST), que é membro da Via Campesina. Para o MST, a questão agrária brasileira não é somente uma questão de terra; ela apresenta diversos outros problemas atuais como a questão de gênero, democracia, meio ambiente (água, florestas e biodiversidade), direitos humanos, alimentos transgênicos, agronegócio e agricultura ecológica.

O MST, através de suas ações, luta pela solução dos problemas concernentes à questão agrária, questionando o governo, as grandes empresas, os fazendeiros e a sociedade acerca das práticas socialmente injustas e ambientalmente predatórias disseminadas no campo pelo modelo agrícola dominante — o agronegócio. O MST luta por um desenvolvimento que considere a diminuição da desigualdade e da pobreza no campo, na cidade e na floresta, a partir da resolução dos problemas da questão agrária.

No que se refere à questão agrária como um problema a ser solucionado, é necessário considerar que o camponês tem o campo não somente como um lugar de produção, mas também um lugar de vida, reprodução e criação; o campo é o lugar onde o desenvolvimento de suas atividades econômicas, políticas e familiares ocorrem de forma indissociável. Nesse sentido, uma reforma agrária completa no Brasil deve, simultaneamente, reformar a estrutura fundiária do país, possibilitar o acesso dos(as) camponeses(as) à terra e fornecer-lhes condições básicas de vida e produção (GIRARDI e FERNANDES, 2008).

3. A HISTÓRIA E CULTURA DAS DIFERENTES POPULAÇÕES DO CAMPO

Os povos do campo têm uma raiz cultural própria, um jeito de viver e de trabalhar diferente do mundo urbano, e que inclui distintas maneiras de ver e se relacionar com o tempo, o espaço, o meio ambiente e de organizar a família, a comunidade, o trabalho e a educação (ARROYO, CALDART e MOLINA, 2004).

O conhecimento e o reconhecimento, o resgate, o respeito e a afirmação da diversidade sociocultural dos povos do campo são fundamentais. O campo precisa ser compreendido como um modo de vida sociocultural no sentido de que sejam afirmadas as suas identidades, bem como suas lutas e organizações. Aprofundando essa perspectiva, Wanderley (2001, 2002) coloca que o campo deve ser considerado como espaço de vida e trabalho e ser conhecido e reconhecido em sua diversidade e com um grande potencial econômico, social, cultural e patrimonial.

Na história das populações do campo podem ser identificadas suas várias formas de organizações, de lutas e de resistência, segundo as suas especificidades. De acordo com Martins (1986), "essas lutas têm como eixo estrutural a propriedade da terra: o direito que a sustenta, o uso que dela se faz" [...] A propriedade territorial constitui mediação essencial da organização política brasileira. "A luta pela terra se torna luta pela ampliação dos espaços políticos dos trabalhadores, pela democracia, e não, simploriamente, uma luta econômica pela ampliação dos espaços econômicos de reprodução do capital" (Idem, ibidem, p. 71).

Reflexões sobre o campesinato no Brasil

O campesinato abrange uma diversidade de formas de existência de camponeses(as), e a definição de camponês se assenta em alguns elementos comuns e interligados:

- ter acesso a uma parcela de terra para produzir;
- a produção ser baseada no trabalho familiar; e
- constituir-se como unidade de produção e de consumo.

Carvalho (2005), que considera também a diversidade na caracterização do campesinato brasileiro e de sua produção, defende que esse campesinato se sustenta em dois eixos: o primeiro é o da diversidade das formas com as quais assume como produz e se relaciona com o mercado, seus hábitos e cultura. O outro é o da biodiversidade que inclui os solos, as águas, as plantas e os animais que fazem parte de ecossistemas próprios e as culturas dos povos construídas nessa relação com o meio ambiente através do trabalho.

Os termos "camponês" e "campesinato" buscaram dar conta das lutas dos(as) trabalhadores(as) do campo que surgiram em vários locais do Brasil nos anos 1950. Entretanto, diferentemente de países europeus e de outros da América Latina, em que a palavra camponês agregou todos(as) trabalhadores(as) do campo, no Brasil esta possuía denominações próprias, específicas em cada região, tais como: *caipira* (São Paulo, Minas Gerais, Goiás, Paraná, Mato Grosso do Sul); *caiçara* (litoral paulista); *caboclo* (outras regiões brasileiras) etc. (MARTINS, 1995, p. 21).

Também os proprietários de terra tinham denominações distintas, segundo a região e a atividade: *estancieiros* (no Sul); *fazendeiros* (São Paulo, Rio de Janeiro, Minas Gerais, Goiás, Paraná); *senhores de engenho* (no Nordeste); *seringalistas* (no Norte) etc. Essas designações foram mudadas a partir das mesmas reflexões que alcançaram os camponeses e os proprietários passaram a ser denominados como *latifundiários* (Idem, ibidem, p. 22).

Segundo Martins (1995, p. 22),

> essas novas palavras — *camponês* e *latifundiário* — são palavras políticas, que procuram expressar a unidade das respectivas situações de classe e, sobretudo, que procuram dar unidade às lutas dos camponeses [...]. Estão enraizadas numa concepção da História, das lutas políticas e dos confrontos entre as classes sociais.

A palavra camponês não significa, apenas, um novo nome, mas também o seu lugar social, pretendendo ser também a designação de um destino histórico. Expressa uma conotação política de classe, de enraizamento histórico das lutas camponesas e de unidade dessas lutas (MARTINS, 1995; RIBEIRO, 2010).

São lutas que se materializam como forma de resistência camponesa pela terra e por territórios. Neste sentido, Fernandes (2012, p. 745) explica que "a resistência camponesa é responsável por sua (re)criação no enfrentamento permanente com o capitalismo. Criação e recriação acontecem em diferentes conjunturas [...]", e significam "territorialização e reterritorialização do campesinato. Ao passo que a destruição significa a sua desterritorialização".

Essas lutas como formas de inconformidade e resistência camponesa à expansão do capitalismo são expressas através da cultura popular, conforme é colocado por Martins (1989, p. 12),

> [...] a cultura popular deste país constitui um arquivo multicolorido, retalhos da história do povo, de canções que celebram o amor e a festa e, frequentemente, dissimulam a guerra e o luto. Memória de um povo que, ao contrário da pequena burguesia intelectualizada, não separa a festa e a luta, porque sem a festa a luta não têm sentido. A canção e a poesia prefiguram a apoteose do ser em relação ao ter.

Essa demonstração de luta vai de encontro a algumas análises antropológicas e sociológicas realizadas sobre os pobres da terra, os(as) camponeses(as), os(as) trabalhadores(as) rurais, em que foram tratados(as) como guardiões(ãs) e agentes de culturas tradicionais, vítimas do tradicionalismo conservador e patrocinadores do atraso.

As grandes revoluções sociais[4] que ocorreram no mundo foram, em grande parte, revoluções camponesas, mostrando assim o(a) camponês(a) como inovador(a). E, no Brasil, as grandes revoluções foram também camponesas, tais como: "a Cabanagem (no Pará), a Balaiada (no Maranhão e no Piauí), Canudos (na Bahia) e Contestado (em Santa Catarina)" (MARTINS, 1989, p. 18).

A diversidade das populações do campo

Existe uma diversidade de povos do campo. São os(as) agricultores(as) familiares, os(as) extrativistas, os(as) pescadores(as) artesanais, os(as) ribeirinhos(as), os(as) assentados(as) e acampados(as) da reforma agrária, os(as) trabalhadores(as) assalariados(as) rurais, os(as) quilombolas, os(as) caiçaras, os povos da floresta, os(as) caboclos(as) e outros que produzem suas condições materiais de existência a partir do trabalho no meio rural (BRASIL/PR, 2010).

Agricultores(as) familiares

A agricultura familiar surgiu no contexto brasileiro a partir de meados da década de 1990. Atribui-se o seu aparecimento às iniciativas de intelectuais, políticos, movimentos sociais do

---

4. A Revolução Mexicana, a Revolução Russa, a Revolução Chinesa, a Revolução Vietnamita, as guerras de libertação na África (MARTINS, 1989, p. 17).

campo e ao sindicalismo rural tendo à frente a Confederação Nacional dos Trabalhadores na Agricultura (Contag). Desse processo, emerge o agricultor familiar como sujeito de direitos, tendo em vista que esse movimento objetivou valorizar e dar mais visibilidade a esses(as) agricultores(as).

Nesse contexto, foi institucionalizado pelo Decreto n. 1.946, de 28 de junho de 1996, o Programa Nacional de Fortalecimento da Agricultura Familiar (Pronaf). Esse Programa foi proposto como resposta às pressões do movimento sindical rural desde o início dos anos 1990. Nasceu com a finalidade de prover crédito agrícola e apoio institucional às categorias de pequenos produtores rurais que vinham sendo alijados das políticas públicas ao longo da década de 1980 e encontravam sérias dificuldades de se manterem na atividade (BRASIL/PR, 1996).

As atividades apoiadas pelo Pronaf são as atividades agropecuárias e não agropecuárias exploradas mediante emprego direto da força de trabalho do produtor rural e de sua família. As atividades não agropecuárias são os serviços relacionados com turismo rural, produção artesanal, agronegócio familiar e outras prestações de serviços no meio rural, que sejam compatíveis com a natureza da exploração rural e com o melhor emprego da mão de obra familiar (BRASIL/PR, 2011, p. 9).

Esse Programa é coordenado pelo Ministério do Desenvolvimento Agrário (MDA) e desenvolvido, de forma descentralizada, através da parceria das organizações dos(as) agricultores(as) familiares, dos governos estaduais e municipais, das organizações governamentais e não governamentais de assistência técnica e extensão rural, das cooperativas de crédito e de produção, dos agentes financeiros, do Serviço Brasileiro de Apoio às Micro e Pequenas Empresas (Sebrae) e outros.

Na agricultura familiar o elemento fundamental é a natureza familiar das unidades agrícolas, que se pauta em relações de parentesco e de herança existentes entre seus membros. As decisões tomadas pela família e pelo grupo doméstico, mediante as condições materiais, econômicas e o ambiente social, são muito importantes e definidoras das trajetórias e estratégias que viabilizam ou não sua sobrevivência social, econômica, cultural e moral. As unidades familiares funcionam, predominantemente, com base na utilização da força de trabalho dos membros da família que, por sua vez, podem contratar, em caráter temporário, outros(as) trabalhadores(as) (SCHNEIDER, 2003).

Do ponto de vista legal, no Brasil, o agricultor familiar foi definido no artigo 3º da Lei n. 11.326 (BRASIL/PR, 2006) que "estabelece as diretrizes para a formulação da Política Nacional da Agricultura Familiar e Empreendimentos Familiares Rurais" como aquele que pratica atividades no meio rural, atendendo, simultaneamente, aos seguintes requisitos:

I — não detenha, a qualquer título, área maior do que 4 (quatro) módulos fiscais;[5]

II — utilize predominantemente mão de obra da própria família nas atividades econômicas do seu estabelecimento ou empreendimento;

III — tenha percentual mínimo da renda familiar originada de atividades econômicas do seu estabelecimento ou empreendimento, na forma definida pelo Poder Executivo (*Redação dada pela Lei n. 12.512, de 2011*).

IV — dirija seu estabelecimento ou empreendimento com sua família.

---

5. O módulo fiscal é uma unidade de medida expressa em hectares, fixada diferentemente para cada município, instituída pela Lei n. 6.746/79 (Brasil, 1979) considerando os seguintes fatores: o tipo de exploração predominante no município; a renda obtida com a exploração predominante; outras explorações existentes no município que, embora não predominantes, sejam significativas em função da renda e da área utilizada e o conceito de propriedade familiar. Atualmente, o módulo fiscal serve de parâmetro para a *classificação fundiária* do imóvel rural quanto a sua dimensão, de conformidade com art. 4º da Lei n. 8.629/93 (Brasil, 1993) sendo o minifúndio imóvel rural de área inferior a 1 (um) módulo fiscal; pequena propriedade: imóvel rural de área compreendida entre 1 (um) e 4 (quatro) módulos fiscais; média propriedade: imóvel rural de área compreendida entre 4 (quatro) e 15 (quinze) módulos fiscais; grande propriedade: imóvel rural de área superior a 15 (quinze) módulos fiscais. (*Fonte*: Incra/2012. DIEESE/MDA/NEAD, 2011).

§ 1º O disposto no inciso I do *caput* deste artigo não se aplica quando se tratar de condomínio rural ou outras formas coletivas de propriedade, desde que a fração ideal por proprietário não ultrapasse 4 (quatro) módulos fiscais.

§ 2º São também beneficiários desta Lei:

I — silvicultores que atendam simultaneamente a todos os requisitos de que trata o *caput* deste artigo, cultivem florestas nativas ou exóticas e que promovam o manejo sustentável daqueles ambientes;

II — aquicultores que atendam simultaneamente a todos os requisitos de que trata o *caput* deste artigo e explorem reservatórios hídricos com superfície total de até 2 ha (dois hectares) ou ocupem até 500 m³ (quinhentos metros cúbicos) de água, quando a exploração se efetivar em tanques-rede;

III — extrativistas que atendam simultaneamente aos requisitos previstos nos incisos II, III e IV do *caput* deste artigo e exerçam essa atividade artesanalmente no meio rural, excluídos os garimpeiros e faiscadores;

IV — pescadores que atendam simultaneamente aos requisitos previstos nos incisos I, II, III e IV do *caput* deste artigo e exerçam a atividade pesqueira artesanalmente.

V — povos indígenas que atendam simultaneamente aos requisitos previstos nos incisos II, III e IV do *caput* do art. 3º; (*Incluído pela Lei n. 12.512, de 2011*)

VI — integrantes de comunidades remanescentes de quilombos rurais e demais povos e comunidades tradicionais que atendam simultaneamente aos incisos II, III e IV do *caput* do art. 3º (*Incluído pela Lei n. 12.512, de 2011*).

Com a aprovação da Lei n. 11.947/2009, que dispõe sobre o atendimento da alimentação escolar e do Programa Dinheiro Direto na Escola aos alunos da educação básica, e da Resolução do Fundo Nacional de Desenvolvimento da Educação (FNDE), as escolas das redes públicas de educação básica passaram a usar produtos da agricultura familiar nas refeições oferecidas aos seus alunos. Ficou estabelecido que, no mínimo, 30% do valor enviado a estados, municípios e Distrito Federal pelo FNDE para o Programa Nacional de Alimentação Escolar (PNAE) deve ser utilizado obrigatoriamente na aquisição de gêneros alimentícios provenientes da agricultura familiar e do(a) empreendedor(a) familiar rural com dispensa de licitação.

A agricultura familiar tem uma grande capacidade de geração de emprego (da família e de outros) e renda, a baixo custo de investimento. Sua capacidade de produzir alimentos em maior quantidade e com menor custo e, potencialmente, com menores danos ambientais, impulsiona o crescimento de todo o entorno socioeconômico local (SANTOS, 2001).

Os(as) agricultores(as) familiares produzem cerca de 60% dos alimentos consumidos pela população brasileira. Essa categoria de agricultores(as) é responsável por 87% da produção nacional de mandioca, 70% da produção de feijão, 46% do milho, 38% do café, 34% do arroz, 21% do trigo e, na pecuária, 60% do leite, 59% do plantel de suínos, 50% das aves e 30% dos bovinos (BRASIL/IBGE, 2006).

Segundo dados do Censo Agropecuário de 2006, 84,4% do total de propriedades rurais do país pertence a agricultores(as) familiares. São aproximadamente 4,4 milhões de unidades produtivas, sendo que a metade delas está na região nordeste. Apesar de representarem 84,4% do total, ocupam apenas 24,3% da área dos estabelecimentos agropecuários brasileiros. Já os estabelecimentos não familiares representavam 15,6% da área total e ocupavam 75,7% dessa área.

O Censo Agropecuário de 2006 publicou, ainda, que a agricultura familiar responde por 37,8% do Valor Bruto da Produção Agropecuária. De acordo com a Secretaria de Agricultura Familiar, do Ministério do Desenvolvimento Agrário, aproximadamente 13,8 milhões de pessoas trabalham em estabelecimentos familiares, o que corresponde a 77% da população ocupada na agricultura.

Segundo Wanderley (2001, p. 21):

> A agricultura familiar não é uma categoria social recente, nem a ela corresponde uma categoria analítica nova na sociologia rural. No entanto, sua utilização, com o significado e abrangência que lhe tem sido atribuído nos últimos anos, no Brasil, assume ares de novidade e renovação.

As atividades produtivas da agricultura familiar apresentam um caráter multifuncional. Além de produzir alimentos e matérias-primas, ela gera mais de 80% da ocupação no setor rural e favorece o emprego de práticas produtivas ecologicamente mais equilibradas, como a diversificação de cultivos, o menor uso de insumos industriais e a preservação do patrimônio genético.

Extrativistas

Os extrativistas são povos que exercem a atividade extrativista artesanalmente no meio rural (BRASIL/PR, 2006). E o extrativismo é a exploração dos recursos naturais espontâneos. Contempla uma grande diversidade de situações e de meios, nos quais se articulam recursos biológicos, técnicas de exploração e sistemas de produção (LIMA, 2012).

A fonte do extrativismo é a floresta de seringais e castanhais, o que possibilita que essa atividade se constitua em um extrativismo de coleta não predatória e sustentável. No Brasil, foi na Amazônia que essa atividade teve uma grande importância econômica para a região e para o país.

A Lei n. 11.326/2006, que "Estabelece as diretrizes para a formulação da Política Nacional da Agricultura Familiar e Empreendimentos Familiares Rurais", incorpora no seu artigo 3º,

§ 2º, inciso III, os extrativistas como um dos povos "beneficiários dessa lei": "extrativistas que atendam simultaneamente aos requisitos previstos nos incisos II, III e IV do *caput* deste artigo e exerçam essa atividade artesanalmente no meio rural, excluídos os garimpeiros e faiscadores" (BRASIL/PR, 2006).

Os requisitos para que os(as) extrativistas sejam contemplados(as) por essa Lei é que utilizem predominantemente mão de obra da própria família nas atividades econômicas do seu estabelecimento ou empreendimento; tenham percentual mínimo da renda familiar originada de atividades econômicas do seu estabelecimento ou empreendimento, na forma definida pelo Poder Executivo; e dirijam seu estabelecimento ou empreendimento com sua família.

As Reservas Extrativistas são espaços territoriais destinados à exploração autossustentável e conservação dos recursos naturais renováveis, por populações tradicionais. Em tais áreas é possível materializar o desenvolvimento sustentável, equilibrando interesses ecológicos de conservação ambiental com interesses sociais de melhoria (DIEESE/NEAD/MDA, 2011).

Os principais povos extrativistas são:

Babaçueiros: são povos que têm como base de subsistência a exploração do babaçu. O *babaçual* é a formação florestal em que a espécie predominante é a palmeira *babaçu* (do tupi *wawasu*, de *iwa*, fruta + *wasú*, grande). O babaçu ocorre na faixa dos cocais que marca a transição entre a floresta amazônica e as áreas de cerrado, e em outras vastas áreas (LAROUSSE CULTURAL, 1998).

Seringueiros: são homens e mulheres que exploram, na Amazônia, as seringueiras (*Hevea brasiliensis*: árvore-da-borracha) (BELTRÃO, 2010). Sua principal atividade é organizar e executar a extração do látex, matéria-prima da borracha, embora possam também praticar alguma agricultura e criação de gado. As primeiras Reservas Extrativistas criadas no país foram em grande parte resultantes das ações dos seringueiros que fazem parte da luta pela reforma agrária na Amazônia.

Castanheiros: povos que seguiram a trilha aberta pelos seringueiros e se transformaram, sobretudo no Pará, em guardiões de uma das maiores árvores amazônicas, a castanheira (*Castanea sativa*), ameaçada pela sanha de madeireiras, pecuaristas e agronegociantes em geral. É cultivada pela madeira e pelos frutos (ALENTEJANO, 2012, p. 758; LAROUSSE CULTURAL, 1998).

Quebradeiras de coco: mulheres de comunidades extrativistas do Maranhão, Tocantins, Pará e Piauí que coletam e quebram o coco da palmeira de babaçu, utilizando para a produção de óleo e sabonete de coco, por exemplo. "Essas mulheres se notabilizaram por defender o livre acesso aos babaçuais cada vez mais cercados por grileiros e fazendeiros [...]" (ALENTEJANO, 2012, p. 758).

Pescadores(as) artesanais

Pescador(a) artesanal é aquele(a) que, individualmente ou em regime de economia familiar, faz da pesca sua profissão habitual ou meio principal de vida. Esses(as) pescadores(as) capturam e desembarcam toda classe de espécies aquáticas, trabalham sozinhos(as) e/ou utilizam membros da família ou trabalhadores(as) não assalariados(as), explorando ambientes ecológicos localizados próximos à costa, tendo em vista que a embarcação e a aparelhagem utilizadas por eles(as) possuem pouca autonomia.

A captura da pesca artesanal é feita através de técnicas de baixo rendimento relativo e sua produção é total ou parcialmente destinada ao mercado. Os(as) pescadores(as) artesanais mantêm contato direto com o ambiente natural e, assim, possuem um corpo de conhecimento acerca da classificação, história natural, comportamento, biologia e utilização dos recursos naturais da região onde vivem (CLAUZET, RAMIRES e BARBELLA, 2005).

Historicamente, a pesca artesanal surgiu, no Brasil, a partir de alguns fatores, tais como: a decadência na economia dos ciclos cafeeiro e açucareiro do Brasil Colônia e, também, devido à necessidade de exploração de outros meios que não fossem os recursos de flora e fauna litorâneas, como o palmito, a caxeta e os animais de caça (Idem, ibidem).

A pesca artesanal encontra-se em contraste com a pesca industrial por ter características bastante diversificadas, tanto em relação aos hábitat e estoques pesqueiros que exploram, quanto às técnicas de pesca que utilizam.

Há outras populações do campo que se assemelham ao(a) pescador(a). São aquelas que sem utilizarem embarcação pesqueira, exercem atividade de captura ou de extração de elementos animais ou vegetais que tenham na água seu meio normal ou mais frequente de vida, na beira do mar, rios e lagoas. Exemplos: O(a) mariscador(a), o(a) caranguejeiro(a), o eviscerador(a) (limpador(a) de pescado, o(a) catador(a) de algas etc.

A pesca artesanal sempre se caracterizou como uma atividade não subordinada à sociedade canavieira nem à sociedade urbana de consumo, o que interferiu em seu modo de vida, possibilitando o surgimento de uma arte (a arte da pesca). A arte dos(as) pescadores(as) resulta de sua criatividade, de seu sentimento de liberdade e resistência, pois a pesca artesanal sempre se caracterizou como uma atividade livre para seus profissionais (RAMALHO, 2004).

As características da atividade pesqueira são o seu exercício em um ambiente livre e fora da terra. Nesse espaço aquático, o(a) pescador(a) tem que tomar decisões independentes de quaisquer pressões externas definidas *a priori*, pois a peculiaridade do seu principal meio de produção (o mar) coloca constantes imprevisibilidades e riscos que esses(as) trabalhadores(as) têm que enfrentar rotineiramente (Idem, ibidem).

As unidades de produção são organizadas por um forte sistema de coletividade entre os(as) pescadores(as) que estão no barco em plena atividade, em que a parceria e o trabalho familiar assumem valor preponderante, no sentido de dar maior segurança ao trabalho de pesca. Dessa forma, tudo é decidido em comum acordo (MALDONADO, 1986, 1994).

Diegues (1983, p. 193), ao caracterizar o(a) pescador(a) artesanal, diz que o ponto definidor dele(a) não se resume ao ato de viver da pescaria, mas dominar, plenamente, os meios de produção da pesca: "o controle de como pescar e do que pescar, em suma, o controle da arte de pesca", pois sem isso não se faz pescador(a). Isso ocorre mesmo quando ele não é proprietário de embarcação e rede.

Ao comparar a arte da pesca a outros trabalhos artesanais, Diegues (1983, p. 198) coloca:

> Podemos dizer que no caso da pesca, o domínio da arte exige um período de experiência mais longo que nas outras formas de artesanato. Se compararmos o pescador artesanal a um artesão de móveis, constatamos algumas diferenças importantes. Este adapta seus instrumentos de trabalho a uma matéria-prima relativamente homogênea: a madeira. Já o pescador artesanal é obrigado a dominar o manejo de diferentes instrumentos de capturas utilizados para diferentes espécies, num meio em contínua mudança.

A habilidade e o talento dos(as) pescadores(as) artesanais se pautam em seu conhecimento e na utilização dos instrumentos de trabalho, em momentos precisos. O objeto da ação dos(as) trabalhadores(as) da pesca é dinâmico, exigindo um criativo saber-fazer desses(as) pescadores(as) sobre um meio em constante movimento e transformação.

Ribeirinhos

O termo "ribeirinho" refere-se àquele(a) que anda pelos rios. Povos ribeirinhos são populações tradicionais que residem nas proximidades dos rios. O rio constitui a base de sobrevivência dos ribeirinhos, fonte de alimento e via de transporte. Entretanto, esses povos sofrem com a poluição dos rios pelo efeito de grandes projetos industriais, minerais e agrícolas que provocam a redução do quantitativo de peixes. Ao lado disso, conforme coloca Alentejano (2012, p. 758), "vem sendo sistematicamente desalojados das margens dos rios por causa das instalações de barragens".

Os povos ribeirinhos são descendentes dos migrantes nordestinos que ocuparam a Amazônia na segunda metade do século XIX atraídos pela propaganda oficial para trabalharem na extração do látex. Os mais velhos — conhecidos como soldados da borracha — trabalhavam para abastecer a indústria bélica dos países aliados, por ocasião da Segunda Guerra Mundial (NEVES, 2002).

As comunidades ribeirinhas da Amazônia são compostas em sua grande maioria por moradores(as) que dividem o tempo entre a agricultura, cultivando pequenos roçados para consumo próprio, e a pesca artesanal, sendo esta a sua maior fonte de proteína animal. Essa pesca é de subsistência, mas eventualmente, a produção excedente é comercializada, principalmente no período de seca. Esse(a) pescador(a) é usualmente classificado(a) como pescador-lavrador ou polivalente (MENDONÇA et al., 2007; NEVES, 2012).

Os ribeirinhos vivem muito isolados, ficam expostos aos perigos da mata e enfrentam longas caminhadas na floresta e uma dura jornada de trabalho, conforme afirma Silva (1994, p. 26):

> Entre as longas caminhadas na floresta e a solidão nos tapiris rudimentares onde habitavam, esgotava-se sua vida, num isolamento que talvez

nenhum outro sistema econômico haja imposto ao homem. Ademais, os perigos da mata e a dura jornada de trabalho encurtavam sua vida, principalmente em relação aos primeiros migrantes nordestinos.

As populações tradicionais, entre elas os ribeirinhos, foram reconhecidas pelo Decreto Presidencial n. 6.040/2007, o qual instituía a Política Nacional de Desenvolvimento Sustentável dos Povos e Comunidades Tradicionais (PNPCT). Neste Decreto o governo federal reconhece, pela primeira vez na história, a existência formal de todas as chamadas populações tradicionais, com suas formas próprias de organização social e as suas especificidades (BRASIL/PR, 2007).

Ao longo dos seis artigos desse decreto, o governo amplia o reconhecimento das populações tradicionais que havia sido feito parcialmente, na Constituição de 1988. Segundo o pesquisador Mauro Almeida (2007, p. 50), "no âmbito da PNPCT, houve uma combinação de política pública de inclusão social com política ambiental".

Assentados(as)

O assentamento rural é um termo utilizado para

> designar a transferência e a alocação de determinado grupo de famílias de trabalhadores rurais sem-terra (ou com recursos fundiários insuficientes à sua reprodução) em algum imóvel rural específico, visando à constituição de uma nova unidade produtiva em um marco territorial diferenciado (LEITE, 2010, p. 43).

No Brasil, a criação e a consolidação dos assentamentos rurais é o resultado da luta pela terra em que participam vários atores. Este processo tem envolvido trabalhadores(as) assalariados(as), parceiros(as), posseiros(as), pequenos(as) produtores(as) com dificuldades de se reproduzir socialmente; seringueiros(as), trabalhadores(as) urbanos(as) vivendo de ocupações temporárias e à margem do mercado de trabalho formal; movimentos sociais, movimento sindical, organizações não governamentais (ONGs), instituições governamentais e setores da igreja (MEDEIROS e LEITE, 2009).

Como resposta às ações dos movimentos socioterritoriais na luta pela conquista da terra, os governos criam assentamentos rurais que, segundo Leite (2012), fazem parte de uma ação que está atrelada também ao controle e à delimitação do novo "espaço" criado.

A conquista da terra é a questão fundamental, entretanto é necessário buscar melhores condições de vida e produção na terra; resistir nela e lutar por outro tipo de desenvolvimento que permita que o campo seja um lugar de vida e de trabalho digno.

O projeto de assentamento é conceituado pelo Estado brasileiro como:

> [...] um conjunto de ações planejadas e desenvolvidas em área destinada à Reforma Agrária, de natureza interdisciplinar e multissetorial, integradas ao desenvolvimento territorial e regional, definidas com base em diagnósticos precisos acerca do público beneficiário e das áreas a serem trabalhadas, orientadas para a utilização racional dos espaços físicos e dos recursos naturais, existentes, objetivando a implementação dos sistemas de vivência e produção sustentáveis, na perspectiva do cumprimento da função social da terra e da promoção econômica, social e cultural do trabalhador rural e de seus familiares (BRASIL, 2004, p. 148).

A Lei n. 8.629/1993, que dispõe sobre a regulamentação dos dispositivos constitucionais relativos à reforma agrária, previstos no Capítulo III, Título VII, da Constituição Federal, com alteração e acréscimos dados pela Medida Provisória n. 2.183-56/2001, coloca em seu artigo 17 que o assentamento de trabalhadores rurais deverá ser realizado em terras economicamente úteis, de preferência na região por eles habitada, devendo ser observado o seguinte:

> I — a obtenção de terras rurais destinadas à implantação de projetos de assentamento integrantes do programa de reforma agrária será precedida de estudo sobre a viabilidade econômica e a potencialidade de uso dos recursos naturais;
> II — os beneficiários dos projetos de que trata o inciso I manifestarão sua concordância com as condições de obtenção das terras destinadas à implantação dos projetos de assentamento, inclusive quanto ao preço a ser pago pelo órgão federal executor do programa de reforma agrária e com relação aos recursos naturais;
> III — nos projetos criados será elaborado Plano de Desenvolvimento de Assentamento (PDA), que orientará a fixação de normas técnicas para a sua implantação e os respectivos investimentos;
> IV — integrarão a clientela de trabalhadores rurais para fins de assentamento em projetos de reforma agrária somente aqueles que satisfizerem os requisitos fixados para seleção e classificação, bem como as exigências contidas nos artigos 19, incisos I a V e seu parágrafo único, e 20 desta Lei;
> V — a consolidação dos projetos de assentamento integrantes dos programas de reforma agrária dar-se-á com a concessão de créditos de instalação e a conclusão dos investimentos, bem como com a outorga do instrumento definitivo de titulação.

A partir do processo de criação dos assentamentos pelo Estado, o assentado passa a interagir, externamente, com as entidades representativas do Estado que estabelecem as normas de funcionamento dos assentamentos; e, internamente, com os demais assentados no sentido de garantir a organização e funcionamento coletivo do assentamento.

Esse processo de articulação dos assentados é ampliado e assume uma nova dinâmica na medida em que participam de novos espaços e redes de sociabilidade, tanto na relação "para fora" como nas relações dentro dos assentamentos (LEITE et al., 2004).

O assentamento é a expressão concreta da territorialização da questão agrária. É o lugar da "produção", mas também o lugar da "realização da vida". E essa realização vai além de ter comida, ter casa, mas se materializa também em

> uma vida plena, uma vida cheia de significados, na qual aquilo que eles creem tem possibilidade de continuar sendo respeitado e existindo: sua cultura, sua autonomia, sua visão de mundo, sua capacidade de crescer a partir de suas próprias potencialidades, enfim seu universo simbólico (SIMONETTI, 1999, p. 70-1).

A criação dos assentamentos pelo Estado, de acordo com Girardi e Fernandes (2008, p. 84-5), ocorre "a partir de: a) terras desapropriadas, cujos proprietários são indenizados (a terra é comprada pelo Estado); b) reconhecimento de posses; e c) projetos de conservação ambiental, que reconhecem unidades de conservação de uso sustentável como assentamentos".

Girardi e Fernandes (2008, p. 85) dividem os assentamentos em "reformadores" e "não reformadores". Colocam que os assentamentos reformadores são os que as terras de origem são desapropriadas. No grupo de assentamentos não reformadores, encontram-se os que ocorreram por reconhecimento de terras e beneficiários; pelo caráter ambiental, reconhecimento de terras e beneficiários.

No caso dos "assentamentos não reformadores" não há uma "desterritorialização" do latifúndio tendo em vista que as terras não são desapropriadas, porém é cumprido o artigo 186 da Constituição e a estrutura fundiária é desconcentrada. No que se refere aos "assentamentos reformadores", em que as terras são arrecadadas geralmente a partir de desapropriação, o campesinato se territorializa a partir da desterritorialização do latifúndio e isso significa reforma da estrutura fundiária (GIRARDI e FERNANDES, 2008, p. 86).

Alguns estudos realizados no Brasil, objetivando analisar os impactos sociais dos assentamentos rurais implantados, indicam que apesar de carências de condições básicas, como crédito, extensão, saúde, educação, viabilidade econômica e social dos assentamentos rurais, foram constatados alguns resultados significativos no âmbito social, em que surgem "novos sujeitos sociais e resgata-se a dignidade de uma população historicamente excluída. O acesso à terra provocou em muitos casos rupturas e uma sensação nítida de melhoria em relação ao passado" (RAMALHO, 2002, p. 130-1).

Leite et al. (2004, p. 111), ao analisarem o mundo dos assentados, colocam que a partir da criação dos assentamentos foi imprimida uma nova dinâmica e surgiram novos espaços e redes de sociabilidade.

Acampados(as) da reforma agrária

Acampamentos são espaços de luta e formação, fruto de ações coletivas, localizados no campo ou na cidade, onde as famílias sem terra, organizadas, reivindicam assentamentos. Na pesquisa "Conflitos no Campo" da Comissão Pastoral da Terra (CPT), registra-se somente o ato de acampar (DIEESE/NEAD/MDA, 2011).

O Movimento dos Trabalhadores Rurais Sem Terra (MST), o movimento sindical e demais organizações existentes no mundo rural vêm ocupando terras e montando acampamentos como uma forma de reivindicar a reforma agrária. O Estado brasileiro tem conferido legitimidade à pretensão desses movimentos, ao desapropriar as fazendas ocupadas e redistribuir as terras entre os que se encontram nos acampamentos (SIGAUD, 2009).

Os acampamentos são resultado de ocupações. A ação de acampar é considerada pelos que fazem parte dessa iniciativa, como uma ocupação e não uma invasão. O termo invadir é muito utilizado pelos latifundiários, pela mídia e pelo senso comum. Os(as) trabalhadores(as) sempre utilizavam a expressão "entrar" para descrever a ocupação individual. O objetivo da entrada era "pegar terra" e a "vida" no acampamento. Era frequentemente descrita como um estar "debaixo da lona preta", o que sinalizava uma situação de penúria e de sujeição às intempéries (chuva, calor excessivo durante o dia e frio à noite) (Idem, ibidem).

Objetivando reivindicar a desapropriação de um terreno, as pessoas eram sempre organizadas por um movimento. Para tanto, utilizavam técnicas ritualizadas de realizar a ocupação, uma organização espacial, uma etiqueta para entrar no acampamento e nele se instalar, regras para ali conviver, um vocabulário próprio e elementos dotados de forte simbolismo, como a bandeira e a lona preta, que constituíam os marcos distintivos do acampamento (Idem, ibidem).

Para Fernandes (2012, p. 21), essas ocupações "demarcam nos latifúndios e nos territórios do agronegócio os primeiros momentos do processo de 'territorialização camponesa'". O ato de acampar é uma forma de luta camponesa pela terra, que demonstra tanto resistência como persistência.

As ocupações de terra e a instalação de acampamentos tornaram-se eventos cotidianos e parte da paisagem do Brasil rural, além de serem a marca dessa organização. Segundo Stédile e Fernandes (1999), a ocupação de terras não é algo novo no cenário da luta pela terra no Brasil; o que é novo é a ocupação em massa. O MST aproveitou essa forma legítima e a incorporou como estratégia fundamental de mobilização para conseguir as desapropriações.

Essa forma de mobilização constitui para o MST a essência da organização. E, para o Estado brasileiro, a ocupação e posterior instalação de acampamentos é a "forma apropriada" de "pedir" a desapropriação das terras. Para atender às demandas dos "movimentos" deve existir a ocupação e, sobretudo, um acampamento (SIGAUD, 2005).

A ocupação de terra é fundamental para se iniciar as negociações. Segundo Fernandes (2012, p. 21), "muitos acampamentos ficaram anos nas beiras das rodovias sem que os trabalhadores conseguissem ser assentados. Somente com a ocupação é que obtiveram êxito na luta".

Precede à ocupação massiva de terras nos processos de reforma agrária o conhecimento das condições sociais que possibilitam essas ocupações. Talvez, tendo como foco o preâmbulo das ocupações de terras, possamos entender melhor o que vem depois, a própria ocupação e, posteriormente, a conformação dos assentamentos.

Os acampamentos se constituem como um espaço de mobilização constante, de luta e de resistência, de forma organizada. As famílias acampadas participam desse processo fazendo análises da conjuntura da luta e conhecendo as diferentes estratégias para seu enfrentamento.

Trabalhadores(as) assalariados(as) rurais

Os(as) trabalhadores(as) rurais assalariados(as) agrícolas, arrendatários(as), colonos(as) e posseiros(as), desde o início da década de 1930 viviam à margem dos direitos assegurados para os(as) trabalhadores(as) das zonas urbanas. O(a) trabalhador(a) rural não possuía nenhuma proteção e amparo jurídico, uma vez que o legislador brasileiro não compunha normas que garantissem o bem-estar, a segurança e a estabilidade das relações jurídicas, no âmbito das atividades agrícolas e pecuárias.

A primeira norma regulamentadora do trabalho rural foi o Estatuto do Trabalhador(a) Rural através da Lei n. 4.214/63, que reproduzia vários artigos da CLT. O Estatuto definia como trabalhador(a) rural "toda pessoa física que presta serviços a um empregador rural em propriedade rural ou prédio rústico, mediante salário pago em dinheiro ou *in natura*, ou parte *in natura* e parte em dinheiro (BRASIL/PR, 1963). Esta Lei só contempla o trabalhador(a) assalariado rural, pois dá margem à exclusão, na prática, dos outros tipos de trabalhadores(as) rurais: arrendatário(a), meeiro(a), pequeno(a) proprietário(a), e ocupante posseiro(a), tendo em vista serem considerados(as) oficialmente empregadores(as) rurais.

O Estatuto do Trabalhador Rural concebeu como direitos do(a) trabalhador(a) rural: jornada de trabalho máxima de oito horas por dia; a obrigatoriedade da concessão de um intervalo (não computado na duração do trabalho) para repouso ou alimentação, observados os usos e costumes da região; nenhum trabalho rural assalariado poderá ser remunerado em base inferior ao salário mínimo regional; repouso semanal remunerado; férias remuneradas, após cada período de doze meses de vigência do contrato de trabalho; direitos da mulher trabalhadora rural (o casamento ou a gravidez) no emprego; aviso prévio, estabilidade etc.

Em 1973, a Lei n. 5.889 que tratava da Legislação Trabalhista Rural reconheceu ascategorias de trabalhadores(as) rurais não contempladas pelo Estatuto como empregados(as) rurais, de forma similar aos(às) assalariados(as) agrícolas. Porém, essa Lei, ao definir como empregado(a) rural todo(a) aquele(a) que prestasse serviço de maneira não eventual, deixa de incorporar os(as) trabalhadores(as) assalariados temporários(as),[6] como o(a) "boia-fria", o(a) clandestino(a) e o(a) volante (BRASIL/PR, 1973).

O Decreto n. 73.626/74 (BRASIL/PR, 1974) aprova o regulamento da Lei n. 5.889. Esses dois instrumentos trouxeram uma maior proteção ao(a) trabalhador(a) rural. Esses documentos se constituem, juntamente com a Constituição Federal de 1988, através de seu artigo 7º, o arcabouço normativo legal atual para o(a) trabalhador(a) e trabalhador(a) rural.

O artigo 3º da Lei n. 5.889/73 e do Decreto n. 73.626/74 disciplina que "empregado rural é toda pessoa física que, em propriedade rural ou prédio rústico, presta serviços de natureza não eventual a empregador rural, sob a dependência deste e mediante salário".

A Constituição Federal de 1988, através da consagração da igualdade jurídica, reconheceu expressamente ao trabalhador rural os mesmos direitos garantidos ao trabalhador urbano (art. 7º, I ao XXXIV), inclusive os direitos coletivos dos trabalhadores (a liberdade de associação sindical e o direito de greve — art. 8º) (BRASIL/PR, 1988).

Porém, os(as) trabalhadores(as) assalariados(as) rurais se deparam com uma situação problemática: o não reconhecimento dos direitos trabalhistas adquiridos desde 1963. Esses direitos existem no papel, mas não são cumpridos pela maioria dos fazendeiros e grandes empresas capitalistas na agricultura; as precárias condições de transporte, de trabalho e de alimentação; a exploração da força de trabalho, as migrações temporárias feitas em largas distâncias etc. (MARTINS, 1984, 1986).

Quando se analisa o grupo de mulheres assalariadas rurais percebe-se uma lacuna enorme do ponto de vista dos direitos assegurados na legislação. Assim como em outros segmentos,

---

6. Trabalhadores(as) assalariados(as) temporários(as) são trabalhadores rurais que recebem salário, mas que trabalham apenas uma parte do ano. É o que acontece nas colheitas.

as mulheres assalariadas, além de enfrentarem uma dupla jornada de trabalho, também sofrem a invisibilidade social e outras adversidades.

Neste caso, as lutas dos(as) assalariados(as) se definem muito no sentido de assegurar o cumprimento da Lei e não pela transformação da legalidade (MARTINS, 1984, 1986).

No meio rural é possível ainda constatar a redução do emprego assalariado com vínculo, flexibilização de direitos trabalhistas e previdenciários, perdas de conquistas históricas, desigualdade de rendimentos entre homens, mulheres e jovens assalariados(as) rurais, redução da quantidade de empregos, processo crescente da mecanização, exigência do aumento de produtividade, ritmo intenso do trabalho, jornadas extensas e intensas que geram superexploração de trabalhadores(as) rurais que adoecem ou morrem por exaustão (CONTAG, 2009)

Os dados da Pesquisa Nacional por Amostra de Domicílios (PNAD) do IBGE-2006 demonstram que cerca de 4,7 milhões são trabalhadores(as) assalariados(as) rurais. Desse contingente, 3,1 milhões não possuem carteira de trabalho assinada e apenas 1,5 milhão são trabalhadores(as) com carteira assinada. Quando analisamos a situação dos(as) trabalhadores(as) sem carteira assinada, segundo as regiões brasileiras, o quadro é o seguinte: Norte (82,6%), Nordeste (80,2%), Sul (59,1%), Centro-Oeste (54,4%) e Sudeste (53,5%) (BRASIL/IBGE/PNAD, 2006).

No caso dos(as) trabalhadores(as) assalariados(as) temporários(as) a situação é mais precária tendo em vista que não têm direitos trabalhistas assegurados por lei, sendo excluídos das relações contratuais, ficando sujeitos ao arbítrio e à extorsão de empreiteiros que cobram sobre seus salários uma espécie de tributo. É uma categoria muito explorada que se submete a uma jornada de trabalho em torno de 15 a 16 horas diárias e a trabalhar em regiões muito distantes do local de moradia. Isso dificulta o processo de organização desses(as) trabalhadores(as) em busca de seus direitos (MARTINS, 1984).

Segundo o Documento Base do 10º Congresso de Trabalhadores(as) Rurais realizado em Brasília em 2009, "o Brasil é considerado como um dos países agrícolas com crescimento em sua estrutura produtiva". Há uma expansão de várias culturas, entre as quais estão "a soja, pecuária (bovinos), suínos, aves, cana-de-açúcar, algodão, laranja, milho, leite e café". Dentre essas culturas citam-se "as que foram destinadas às exportações, em 2007, como a soja e derivados, carnes, produtos florestais, açúcar e álcool e café". Ao lado disso, "a cultura de grãos continua crescente, assim como o reflorestamento, a fruticultura e o monocultivo de cana-de-açúcar". E conclui o Documento: "todo esse quadro significa o expressivo crescimento do agronegócio". E nesse ambiente estão os(as) trabalhadores(as) assalariados(as) rurais (CONTAG, 2009, p. 9).

Os(as) trabalhadores(as) rurais assalariados(as) são os(as) principais protagonistas na luta pela terra, no sentido de reivindicar políticas públicas específicas para eles. Em março de 2012 houve a Primeira Mobilização Nacional dos Assalariados e Assalariadas Rurais, que foi coordenada pela Confederação Nacional dos Trabalhadores da Agricultura (Contag) e teve como objetivo questionar o modelo de desenvolvimento agrícola predominante no Brasil, integralmente baseado no latifúndio, mecanização desordenada, agrotóxicos, sementes geneticamente modificadas, e que não tem se pautado pela geração de emprego de qualidade.

Quilombolas

Quilombola é a denominação atribuída aos(as) escravos(as) refugiados(as) em quilombos, ou descendentes de escravos(as) negros(as) que no período da escravidão fugiram dos engenhos de cana-de-açúcar, fazendas e pequenas propriedades onde executavam diversos trabalhos braçais, para formar pequenos vilarejos chamados de quilombos.

Quilombolas são grupos negros que vivem predominantemente em áreas rurais (atualmente, alguns estão mais próximos das áreas urbanas). Essas comunidades têm uma história de luta pela liberdade, desde que seus antepassados foram trazidos da África como escravos(as), e hoje lutam por um pedaço de terra onde possam viver de acordo com suas tradições. Outra característica marcante dos quilombolas é a ocupação do território de acordo com ligações de parentesco. Os(as) moradores(as) de comunidades quilombolas sempre fazem referência a um ancestral comum, que pode ser real ou imaginário (um personagem lendário, por exemplo), e que foi o primeiro a chegar àquelas terras (DIEESE/NEAD/MDA, 2011).

Os quilombos nasceram das lutas e das fugas dos(as) escravos(as) negros(as) contra os fazendeiros rentistas e se constituíram em verdadeiras terras da liberdade e do trabalho de todos(as), no seio do território capitalista colonial. A sua criação foi importante não só como recurso útil para a sobrevivência física e cultural desses(as) escravos(as), mas, acima de tudo, como instrumento de preservação da dignidade de homens e mulheres descendentes dos africanos traficados para o Brasil, que lutaram para reconquistar o direito à liberdade, inerente à sua condição humana, mas também conviver de acordo com a sua cultura tradicional (BRASIL/PR, 2004).

As comunidades remanescentes de quilombos são grupos sociais cuja identidade étnica os distingue do restante da sociedade. É importante explicitar que, quando se fala em identidade étnica, trata-se de um processo de autoidentificação bastante dinâmico e não se reduz a elementos materiais ou traços biológicos distintivos, como, por exemplo, a cor da pele (Idem, ibidem).

O Decreto n. 4.887/2003 regulamenta o procedimento para identificação, reconhecimento, delimitação, demarcação e titulação das terras ocupadas por remanescentes das comunidades dos quilombos de que trata o artigo 68, do Ato das Disposições Constitucionais Transitórias: "Aos remanescentes das comunidades dos quilombos que estejam ocupando suas terras é reconhecida a propriedade definitiva, devendo o Estado emitir os títulos respectivos." A partir desse Decreto foi transferida do Ministério da Cultura para o Incra a competência para a delimitação das terras dos remanescentes das comunidades dos quilombos, bem como a determinação de suas demarcações e titulações (BRASIL/PR, 2003).

Segundo o artigo 2º desse decreto, são considerados remanescentes das comunidades dos quilombos, "os grupos étnico-raciais, segundo critérios de autoatribuição, com trajetória histórica própria, dotados de relações territoriais específicas, com presunção de ancestralidade negra relacionada com a resistência à opressão histórica sofrida" (BRASIL/PR, 2003).

É a própria comunidade que se autorreconhece remanescente de quilombo. O amparo legal é dado pela Convenção 169, da Organização Internacional do Trabalho, cujas determinações foram incorporadas à legislação brasileira pelo Decreto Legislativo n. 143/2002 e Decreto n. 5.051/2004.

Compete à Fundação Cultural Palmares emitir uma certidão de autodefinição como remanescente de quilombos. O processo para essa certificação é orientado por norma específica desse órgão: a Portaria n. 98/2007 (BRASIL, MEC/FUNDAÇÃO CULTURAL PALMARES, 2007).

Em março de 2004, o Governo Federal cria na comunidade remanescente de Kalunga, situada nos municípios de Cavalcanti, Teresina de Goiás e Monte Alegre, no estado de Goiás, o Programa Brasil Quilombola (PBQ) como uma política de Estado para as áreas remanescentes de quilombos, abrangendo um conjunto de ações inseridas nos diversos órgãos governamentais em que a política de regularização é atribuição do INCRA.

Existem comunidades quilombolas em pelo menos 24 estados do Brasil: Amazonas, Alagoas, Amapá, Bahia, Ceará, Espírito Santo, Goiás, Maranhão, Mato Grosso, Mato Grosso do Sul, Minas Gerais, Pará, Paraíba, Pernambuco, Paraná, Piauí, Rio de Janeiro, Rio Grande do Norte, Rio Grande do Sul, Rondônia, Santa Catarina, São Paulo, Sergipe e Tocantins (BRASIL/MEC/FUNDAÇÃO CULTURAL PALMARES, 2012).

As características principais dos quilombolas é que se dedicam à gestão de uma economia camponesa, não se estabelecem muito afastados de estradas e locais em que possam realizar trocas mercantis e integrar suas atividades econômicas às economias locais, e vêm se constituindo como sujeitos de direitos.

O pleito pela garantia do acesso à terra, relacionando-o ao fator da identidade étnica como condição essencial para essas comunidades, tornou-se uma constante, como forma de compensar a injustiça histórica cometida contra a população negra, aliado à preservação do patrimônio cultural brasileiro em seus bens de natureza material e imaterial. Assim, segundo Ferreira (2012, p. 649), "muito além da caracterização colonial de 'negros fugidos' e das determinações jurídicas do Estado brasileiro, *a identidade quilombola* caminha na desconstrução da *inferioridade* que foi ideologicamente atribuída pelo sistema colonial a todos e quaisquer elementos da negritude".

Caiçaras

Caiçaras são agricultores(as) e pescadores(as) do litoral sul e sudeste que residem tradicionalmente em áreas de encontro entre os mares e a mata (estuários, mangues, restingas e lagunas), especificamente na Mata Atlântica. Historicamente, a formação das comunidades caiçaras só pode ser entendida no contexto da ocupação do litoral brasileiro e dos ciclos econômicos vividos pela região Sul/Sudeste (ADAMS, 2000).

O antropólogo Antônio Carlos Diegues, em estudo elaborado com Arruda sobre populações litorâneas no Brasil, compreende os caiçaras dessa forma:

> Entende-se por caiçaras aquelas comunidades formadas pela mescla étnico-cultural de indígenas, de colonizadores portugueses e, em menor grau, de escravos africanos. Os caiçaras têm uma forma de vida baseada em atividades de agricultura itinerante, de pequena pesca, do extrativismo vegetal e do artesanato. Essa cultura se desenvolveu principalmente nas áreas costeiras dos atuais estados do Rio de Janeiro, São Paulo, Paraná e norte de Santa Catarina. Alguns autores [...] afirmam que as comunidades caiçaras se formaram nos interstícios dos grandes ciclos econômicos do período colonial, fortalecendo-se quando essas atividades voltadas para a exportação entraram em declínio (DIEGUES e ARRUDA, 2001, p. 42).

O termo caiçara se originou do vocábulo tupi-guarani *caá-içara* (Sampaio, 1987), que era utilizado para denominar as estacas colocadas em torno das tabas ou aldeias, e o curral feito de galhos de árvores fincados na água para cercar o peixe. Com o passar do tempo, caiçara foi o nome dado às palhoças construídas nas praias para guardar a canoa e os apetrechos dos pescadores e, mais tarde, para identificar o morador de Cananeia (município brasileiro no litoral do estado de São Paulo). Posteriormente, essa denominação de caiçara foi atribuída a todos os habitantes e comunidades do litoral dos estados de São Paulo, Paraná e Rio de Janeiro (DIEGUES, 1988).

O caráter predominantemente agrícola de nossa colonização foi um fator fundamental para que as terras férteis, úmidas e quentes das baixadas fossem as mais ocupadas, inclusive pela facilidade de escoamento dos produtos para o exterior. A atividade econômica desenvolvida pelo caiçara combina a agricultura de subsistência, baseada na mandioca, com a pesca. Sua cultura e modos de vida são marcados de saberes associados ao tempo e aos ciclos da natureza. São saberes tradicionais dos seres do mar e da mata, herdados dos antepassados, reatualizados e transmitidos às novas gerações.

A agricultura foi muito importante na economia e na sobrevivência das comunidades caiçaras (MUSSOLINI, 1980; CUNHA e ROUGEULLE, 1989). Entretanto, estudos mais recentes vêm mostrando o(a) caiçara como pescador(a), que depende de sua roça apenas de forma acessória e possui todo um universo voltado para o mar, além de um domínio eficiente das técnicas de pesca e de manejo do ecossistema marítimo, com pouquíssimas exceções (SANCHES, 1997). Porém, para Silva (1993, p. 42), "às vezes, é muito difícil classificar o pescador-lavrador como um agricultor que pesca, ou um pescador que planta, pois a tradição do trabalho agrícola e do trabalho na pesca são da mesma intensidade e regularidade".

Caboclos(as)

Caboclos(as) são mestiços(as) de brancos(as) e índios(as) que se originaram junto à formação social e étnica dos(as) trabalhadores(as) camponeses(as) brasileiros(as). A denominação *caboclo* em São Paulo do século XVII era designação depreciativa pela qual se nomeavam os mestiços de índios(as) e brancos(as); no Norte e no Centro-Oeste é uma palavra utilizada para distinguir o(a) pagão(ã) do(a) cristão(ã), sendo nome que se atribui também ao(a) índio(a) em contato com o branco, desintegrado de seus valores nativos; em outras regiões do país é palavra que designa o homem/mulher do campo, o(a) trabalhador(a) (MARTINS, 1995; SILVA, 2010).

A origem do vocábulo caboclo tem várias explicações. A que se deriva do tupi *caa-boc*, "o que vem da floresta" ou de *kari'boca*, "filho do homem branco", ou ainda, *ca-ab oca*, que significava "homem que tem casa no mato". Essas palavras foram sendo aportuguesadas; "cabocoro" e depois "caboclo" (SILVA, 2012). Câmara Cascudo, no *Dicionário do folclore brasileiro* (1972), defende a forma *caboco*, sem o *l*. "Caboco é a forma utilizada, na atualidade, pela maioria da população nordestina e nortista do Brasil."

Os vários significados para a denominação "caboclo" no Brasil levaram em consideração a localização geográfica e, fundamentalmente, o modo particular de vida desse povo. De acordo com Bloemer (2000, p. 3),

> diferentes autores se referem à composição étnica dos caboclos, sendo estes resultantes da miscigenação de índios, brancos e negros. Socialmente, tudo indica que se tratava, principalmente, de antigos ocupantes do espaço das fazendas — peões, agregados, escravos e até estancieiros empobrecidos — que, excedentes nesse espaço, penetraram nas matas em busca de alternativas à sobrevivência.

A população cabocla, no Brasil, se dedica à produção agrícola e à extração de recursos naturais da floresta para a subsistência e comercialização de excedentes. A essa população vinculava-se uma vida com características apoiadas na caça, pesca e coleta.

Martins (2001, p. 369-71) ressalta que há um alto grau de diversidade nas roças dos caboclos e muitas espécies que estão normalmente presentes, como principalmente a mandioca, batata-doce, taioba ou *taiá*, *ariá*, araruta, inhame ou cará, *cupá* e amendoim, apresentam uma combinação ecológica, o que significa que elas otimizam o uso dos fatores ambientais e recursos, minimizando a sobreposição de suas arquiteturas.

O(a) caboclo(a) também planta grãos como milho, feijão e arroz. Porém, ele(a) deixa de consumir uma parte dos grãos para usar como propágulo[7] para o próximo plantio. No sistema agrícola da roça, baseado na propagação vegetativa, os caboclos, geralmente, plantam logo depois que colhem. Como a produção não é concentrada numa única época, para evitar o problema do armazenamento, o plantio também não é concentrado (MARTINS, 2001, p. 372).

Entre os caboclos, havia aqueles que se dedicavam à criação de suínos e, em menor proporção, à criação de gado. O suíno e o gado eram criados soltos, e se alimentavam daquilo que a mata fornecia, principalmente de frutos silvestres (FERES, 1990, p. 497).

Os caboclos formam o mais numeroso grupo populacional de todos os estados da região norte (Amazônia) e de alguns estados do Nordeste (Rio Grande do Norte, Piauí, Alagoas, Ceará e Paraíba) (MONDARDO, 2008).

Povos da floresta

Os povos da floresta são os(as) habitantes tradicionais da Floresta Amazônica — índios(as), seringueiros(as), castanheiros(as) etc. — que baseiam seu modo de vida na extração de produtos como a borracha, a castanha, os óleos vegetais e outros. Além disso, dedicam-se à caça e à pesca não predatória, bem como à agricultura de subsistência. Os povos da floresta são grupos sociais que precisam da mata e dos rios para sobre-

---

7. Os propágulos possuem a função de propagar a espécie, ou seja, são estruturas adaptadas para garantir o sucesso na dispersão de algumas plantas de mangue. A sua morfologia e histologia garantem o seu posicionamento na vertical, quando cai da árvore, com o botão vegetativo para cima. Isto se deve ao fato de que sua parte inferior, onde irão se desenvolver as raízes, ser mais pesada, fazendo com que simplesmente a força da gravidade atue no seu posicionamento. Disponível em: <http://www.ib.usp.br/ecosteiros/textos_educ/mangue/.../propagulos.htm>. Acesso em: 22 ago. 2012.

viver, e sabem como utilizar os recursos naturais sem destruí-los (IPAM, 2012).

As populações tradicionais surgem como mediadoras entre o desenvolvimento e a sustentabilidade, entre o humano e a natureza. Elas são vistas como guardiãs da natureza, na medida em que buscam estabelecer uma relação com a biodiversidade, como modo contemporâneo de expressar a relação entre natureza e cultura.

O Decreto n. 6.040/2007 institui a Política Nacional de Desenvolvimento Sustentável dos Povos e Comunidades Tradicionais (PNPCT) e define esses povos como

> grupos culturalmente diferenciados e que se reconhecem como tais, que possuem formas próprias de organização social, que ocupam e usam territórios e recursos naturais como condição para sua reprodução cultural, social, religiosa, ancestral e econômica, utilizando conhecimentos, inovações e práticas gerados e transmitidos pela tradição. (BRASIL/PR, 2007)

Almeida (2007, p. 48) amplia a concepção de população tradicional colocando a importância dessa população para o desenvolvimento de atividades que contribuam para preservação ambiental:

> as populações tradicionais são aquelas comunidades que, já sendo habitantes há algum tempo da região, estão entrando no processo de desenvolvimento com baixo impacto ambiental, visando melhorar sua qualidade de vida. É assim que o grupo se autoidentifica atualmente como tradicional.

A onda de mobilizações ocorridas por conta da redemocratização do país e da Assembleia Nacional Constituinte, no final dos anos 1980, foi um ambiente propício para a criação de um movimento que deu origem ao I Encontro dos Povos da Floresta e à Aliança dos Povos da Floresta, que foi formalizada nesse evento. Esse movimento chamou a atenção da sociedade brasileira e internacional para o problema fundiário e o desmatamento na Amazônia. Também consolidou os povos da floresta, em especial seringueiros e indígenas, como interlocutores políticos. As grandes reivindicações colocadas pelos povos da floresta foram o reconhecimento oficial e a defesa das terras dessas populações, e o desenvolvimento de políticas que garantissem sua sobrevivência e de sua cultura (ALIANÇA DOS POVOS DA FLORESTA, 2007; ALMEIDA, 2004).

Foi a Aliança dos Povos da Floresta que juntou os ideais de uma reforma agrária ampla e da conservação ambiental. Era preciso, então, não apenas garantir o direito à terra das populações indígenas e dos seringueiros, mas também os recursos naturais em que estavam baseados o seu modo de vida tradicional. Os povos da floresta buscavam permanecer com suas regiões preservadas.

Os seringueiros e os indígenas, ao se dedicarem à cultura de subsistência, não ameaçavam a Floresta Amazônica. A ameaça à floresta procedia dos grandes fazendeiros com a intenção de nessas áreas implantar a pecuária bovina fortalecendo a política especulativa de terras. O desenvolvimento das potencialidades dos povos da floresta e das regiões em que habitam se constitui na economia futura de suas comunidades, e com sustentabilidade ambiental.

A Aliança dos Povos da Floresta objetivava, a partir da reserva extrativista, prosseguir a luta em prol da comercialização e do preço para a borracha, além de melhores condições para a produção, comercialização e priorização por parte do governo de outros produtos existentes na floresta. Porém, na década de 1990 e início do século XXI, essa Aliança "foi evocada apenas como registro histórico", quase sempre associado à figura de Chico Mendes[8] (BRIANEZI, 2010).

---

8. Seringueiro, sindicalista e ambientalista. Em dezembro de 1988, Chico Mendes foi assassinado por fazendeiros. À época o movimento dos seringueiros já tinha adquirido

Em 2007, a partir da iniciativa de três grupos: o Grupo de Trabalho Amazônico (GTA), o Conselho Nacional de Seringueiros (CNS) e a Coordenação das Organizações Indígenas da Amazônia Brasileira (Coiab) o movimento foi retomado e organizado o II Encontro Nacional dos Povos da Floresta, que ocorreu em Brasília (Idem, ibidem).

Esses grupos se articularam no sentido de retomar o movimento, motivados pelas seguintes razões: a fragilidade decorrente da fragmentação das lutas; a necessidade de se ter uma visão geral da Amazônia; os desafios colocados pela crise climática; a persistência do desmatamento, apesar das taxas decrescentes; a poluição das águas e as doenças decorrentes dela; a invasão das terras indígenas; a deterioração do sistema de saúde indígena; os grandes projetos de infraestrutura que ameaçam a vida na floresta; as grilagens de terra e a violência no campo (BRIANEZI, 2010).

Neste contexto, o GTA, o CNS e a Coiab definiram três desafios coletivos: iniciar uma campanha contra o desmatamento, elaborando metas de médio e longo prazos, inseridas no contexto dos acordos internacionais sobre mudança climática, de forma que os créditos de carbono resultantes beneficiassem os moradores da floresta; elaborar um Plano de Aceleração do Crescimento (PAC) Socioambiental, como contraponto às grandes obras previstas no PAC do governo federal; desenvolver um programa de ocupação para os(as) jovens das comunidades amazônicas, que garantisse a inserção deles(as) no mercado de trabalho, com práticas sustentáveis de geração de renda.

---

um novo perfil de organização — uma combinação de sindicatos (formalmente confederados na Contag) com uma organização (Conselho) que contava com aliados ambientalistas e que tinha recursos próprios. As lideranças eram as mesmas, mas a atuação do Conselho Nacional de Seringueiros (CNS) tornava possível aos seringueiros atuar em um campo mais amplo de discussão (ALMEIDA, 2004).

Em 2010, a Aliança dos Povos da Floresta já havia inserido a sua agenda no conjunto das estratégicas de mitigação da chamada mudança climática. Foram organizadas pelo GTA, CNS e Coiab em parceria com o Ipam e com o Instituto de Manejo e Certificação Florestal e Agrícola (Imaflora), três consultas públicas sobre princípios e critérios dos chamados REDD+ (Redução de Emissões por Desmatamento e Degradação, incluindo manejo sustentável), um mecanismo criado para remunerar a conservação da floresta, a partir da lógica de pagamento por créditos de carbono decorrentes de desmatamento evitado (BRIANEZI, 2010).

2ª PARTE

A EDUCAÇÃO
do campo e no campo:
uma conquista dos
povos do campo

A EDUCAÇÃO DO CAMPO E NO CAMPO: UMA CONQUISTA DOS POVOS DO CAMPO

1. A CONSTRUÇÃO DA EDUCAÇÃO DO CAMPO: DA EDUCAÇÃO RURAL À EDUCAÇÃO DO CAMPO

A Educação do Campo vem sendo construída numa tensão entre os interesses do Estado brasileiro, dos empresários e da sociedade civil organizada.

Por um lado, temos os movimentos sociais, os grupos organizados da sociedade civil, empenhados na luta por uma Educação do Campo na perspectiva de política pública, como direito dos povos do campo; por outro, o Estado brasileiro, aportando uma legislação que, no período anterior a 1998, considerava a educação para as populações do campo apenas numa ótica instrumental, assistencialista ou de ordenamento social, ou seja, era a educação denominada "rural".

Nos períodos que antecederam o século XX, no Brasil, a preocupação com a educação rural ocorria de forma bastante limitada e condicionada às necessidades de formação de mão de obra especializada para a agricultura, do desenvolvimento urbano-industrial, bem como para conter o fluxo migratório interno dos anos 1910/1920 das populações rurais para as cidades. Tais iniciativas visavam minorar os problemas sociais nessas áreas. Isso ocorreu quando um grande número de pessoas deixou o campo, movidas por fatores de expulsão, tendo em vista as precárias condições existentes nas áreas rurais e por fatores de atração existentes nas áreas urbanas, especificamente considerando o processo de industrialização que se iniciava.

A primeira referência à educação como educação rural só apareceu em 1923, nos Anais do 1º Congresso de Agricultura do Nordeste Brasileiro. Nesse momento surge o modelo de educação rural do patronato, o qual privilegiava o estado de dominação das elites agrárias sobre os(as) trabalhadores(as), principalmente para estabelecer a harmonia e a ordem nas cidades e elevar a produtividade do campo. Essa educação era destinada aos(às) menores pobres das regiões rurais e aos(às) das áreas urbanas que demonstrassem interesse pela agricultura e tivessem como meta a "contribuição ao desenvolvimento agrícola e a transformação de crianças indigentes em cidadãos prestimosos" (BRASIL, 2002, p. 3).

Dessa forma, surge o "ruralismo pedagógico" (LEITE, 1999, p. 28), que foi uma tentativa de responder à "questão social" provocada pelo inchaço das cidades e incapacidade de absorção de toda a força de trabalho disponível pelo mercado de trabalho urbano. Mediante tal ameaça, sentida pelos grupos dominantes, políticos e educadores(as) tentavam ressaltar o sentido "rural da civilização brasileira" (CALAZANS, 1993, p. 25) e reforçar os seus valores, preconizando uma escola integrada às condições locais regionalistas, cujo objetivo maior era promover a fixação do homem ao campo, o que acarretaria a necessidade de adaptar o currículo à cultura rural (MAIA, 1982).

O ruralismo pedagógico foi reforçado pela ideologia do colonialismo, a qual se pautava na defesa das virtudes do campo e da vida campesina para esconder a preocupação com o seu esvaziamento populacional, o enfraquecimento social e político do patriarcalismo e a forte oposição, por parte dos agroexportadores, ao movimento progressista urbano. Ao lado disso, o ruralismo teve outros apoios como o de alguns segmentos das elites urbanas, que apregoavam a fixação do homem/mulher no campo como forma de evitar a explosão de problemas sociais nas cidades.

No início do século XX, o ruralismo pedagógico conseguiu adesão também nos movimentos sociopolíticos e culturais, como o movimento nacionalista e o movimento católico, os quais valorizavam a mesma visão fisiocrata em que a riqueza tem origem na produção agrícola e defendiam que o Brasil tinha um destino econômico agropecuário. Essa visão permanece até a década de 1930, quando as transformações no modelo econômico exportador, como também as tendências escola novistas e progressistas em educação, veiculadas pelos "Pioneiros da Educação Nova" (LEITE, 1999, p. 29), passaram a exigir um novo tipo de escolaridade (ROMANELLI, 1989).

O Manifesto dos Pioneiros da Escola Nova, publicado em 1932, foi elaborado por líderes do movimento de "renovação nacional" e se pautava na relação entre educação e desenvolvimento. Preconizava uma escola que possibilitasse as mesmas oportunidades para todos e que, sobre uma base de uma cultura geral comum, fossem oferecidas especializações nas áreas de humanidades e ciências ou cursos de caráter técnico em relação às atividades produtivas, sendo as demandas do campo e da cidade igualmente consideradas e contempladas (LEITE, 1999; ROMANELLI, 1989).

A Constituição de 1934, marcada pelas ideias do movimento renovador, cujo artigo 149 coloca que a educação é direito de todos e dever dos poderes públicos proporcioná-la, concomitantemente com a família, apresenta uma referência à educação rural, que se formava a partir de um modelo de dominação da elite latifundiária. Nessa Constituição, cabe à União a responsabilidade pelo financiamento do ensino nas áreas rurais, conforme o seu parágrafo único do artigo 156: "Para a realização do ensino nas zonas rurais, a União reservará, no mínimo, vinte por cento das cotas destinadas à educação no respectivo orçamento anual." Porém, em que pese o financiamento ter sido assegurado legalmente, as políticas públicas para o cumprimento dessa determinação nunca foram desenvolvidas (PIRES, 2008).

A Constituição de 1937 é mais moderada ao tratar a questão da educação como dever do Estado, pois, no seu artigo 128, proclama "a liberdade da iniciativa individual e de associações ou pessoas coletivas públicas e particulares" no que diz respeito ao ensino. Considerando as necessidades de atender à industrialização, vincula a educação ao mundo do trabalho, em que é proposta uma escolaridade voltada para o ensino técnico-profissional (Idem, ibidem).

A educação rural na Constituição de 1937 é considerada nessa mesma perspectiva e a proposta de sua implementação estava, segundo o art. 129, subordinada ao Estado ou às indústrias e aos sindicatos. Para tanto, o Estado deveria criar institutos de ensino profissional e subsidiar as indústrias e os sindicatos, inclusive rurais, na criação de escolas de aprendizes nas áreas de sua abrangência, para os filhos de seus operários ou de seus filiados (Idem, ibidem).

A partir de 1942, foram promulgadas as Leis Orgânicas do Ensino Secundário (Decreto-lei n. 4.244/42), Industrial (Decreto-lei n. 4.073/42), Comercial (Decreto-lei n. 6.141/43), Primário (Decreto-lei n. 8.529/46), Normal (Decreto-lei n. 8.530/46) e, em 1946, a Lei Orgânica do Ensino Agrícola (Decreto-lei n. 9.613/46), objetivando estruturar o ensino técnico-profissional. Segundo essas leis, havia uma separação, em termos da destinação da modalidade de ensino, conforme as classes sociais: o objetivo do ensino secundário e normal seria "formar as elites condutoras do país" e o do ensino profissional seria oferecer "formação adequada aos filhos dos operários, aos desvalidos da sorte e aos menos afortunados, aqueles que necessitam ingressar precocemente na força de trabalho" (ROMANELLI, 1989, p. 154).

A Lei Orgânica do Ensino Agrícola propunha como objetivo principal a preparação profissional para os(as) trabalhadores(as) da agricultura. Esse tipo de ensino foi organizado em dois ciclos: o primeiro ciclo seria dividido em básico agrícola de quatro anos e o de mestria, de dois anos, e, no segundo ciclo, vários cursos técnicos de três anos, como o de agricultura, horticultura, zootecnia, prática veterinária, indústrias agrícolas, laticínios e mecânica agrícola. Ao lado desses, a Lei ainda previa três tipos de cursos pedagógicos: economia rural doméstica com duração de dois anos; didática de ensino agrícola e administração de ensino agrícola, ambos com um ano de duração. Esse nível de ensino, em que pese guardar uma relativa equivalência com as demais modalidades de ensino, apresentava no artigo 14 dessa Lei restrições para o ingresso em cursos superiores que não fossem diretamente relacionados com o curso agrícola técnico (PIRES, 2008).

A Constituição de 1946 propôs organizar o sistema educacional de forma descentralizada administrativa e pedagogicamente, sem desresponsabilizar a União pelo atendimento escolar, pois esta deveria propor as linhas gerais para a educação nacional. Vinculou recursos para as despesas com educação e assegurou a gratuidade do ensino primário. No seu artigo 168, inciso IV, estabelece a obrigatoriedade de as empresas industriais e comerciais ministrarem a aprendizagem aos seus trabalhadores menores, mas não contemplou as empresas agrícolas, o que, segundo as Diretrizes Educacionais da Educação do Campo (BRASIL, 2002, p. 9), "denota o desinteresse do Estado pela aprendizagem rural, pelo menos a ponto de emprestar-lhe *status* constitucional".

É nas décadas de 1950 e 1960 que a educação rural é considerada mais seriamente pelo Estado, justamente em um período de extrema atenção para as questões urbanas e, consequentemente, sobre o desenvolvimento industrial. A perspectiva do desenvolvimento econômico e a ideologia do progresso são expressões pautadas na narrativa evolucionista, que exigiam o "fim" do campo e do camponês, pois estes eram considerados sinônimos de passado e atraso (Idem, ibidem).

Dessa forma, a educação para as áreas rurais surge da proposta de produção e difusão do conhecimento técnico-agrícola ao lado de investimentos na agricultura.

Essa proposta tem forte ligação com as decisões tomadas no centro hegemônico do Ocidente no pós-guerra, os Estados Unidos, o qual é responsável pelo patrocínio da maioria dos programas e projetos de educação rural, à época. É o caso da Associação Brasileira de Assistência Técnica e Extensão Rural (ABCAR), criada em 1956 e responsável pela coordenação de programas de extensão, ao lado de outras iniciativas, como a criação da Campanha Nacional de Educação Rural (CNER) e do Serviço Social Rural (SSR), os quais visavam à preparação de técnicos destinados à educação de base rural cuja tônica era o desenvolvimento comunitário, com projetos como a Campanha de Educação de Adultos e as Missões Rurais de Educação de Adultos.

Pautada na ideologia do desenvolvimento comunitário, a educação rural fica a serviço da modernização do campo, o que demonstra a internacionalização da economia brasileira aos interesses do capital monopolista.

A CNER, ao veicular a sua proposta de educação, desconsiderou a problemática da realidade rural e dos povos do campo em suas dimensões políticas, socioculturais, econômicas, institucionais e ambientais. Os segmentos rurais, como trabalhadores(as) sem terra, arrendatários(as), parceiros(as) e agricultores(as) familiares, não possuíam representatividade, e, consequentemente, não tinham vez nem voz frente às decisões comunitárias, visto que estas eram propostas gerais e não destinadas para o atendimento a segmentos isolados (LEITE, 1999).

Em 1961 é aprovada a primeira Lei de Diretrizes e Bases da Educação Nacional (LDB n. 4.024/61), que propunha fins genéricos para a educação, os quais se aplicavam a qualquer realidade, não estabelecendo, portanto, uma diretriz mais específica para a educação rural. Entretanto, essa Lei tem a vantagem de não ter prescrito um currículo fixo e rígido para todo o território nacional, por nível e ramo de ensino, bem como por aportar certo grau de descentralização, na medida em que foi possibilitado aos estados e municípios anexarem disciplinas optativas ao currículo mínimo estabelecido pelo então Conselho Federal de Educação (BRASIL/PR, 1961).

Entretanto, o que foi proposto na legislação não se efetivou na prática, pois as escolas continuaram mantendo o mesmo currículo anteriormente utilizado. No caso das escolas rurais, a sua estruturação foi delegada aos municípios, porém, tendo em vista a falta de recursos humanos e financeiros, essa educação foi marginalizada.

A Constituição de 1967, sob o controle ditatorial dos militares, reforça o sistema de subjugação da educação rural às elites industriais. Nessa Constituição, identificam-se a obrigatoriedade de as empresas convencionais agrícolas oferecerem o ensino primário gratuito aos seus empregados(as) e filhos(as) e a determinação, como nas Constituições de 1937 e 1946, de que apenas as empresas comerciais e industriais deveriam ministrar, em cooperação, aprendizagem para seus(suas) trabalhadores(as) menores de idade, desobrigando, nesse caso, as empresas agrícolas (PIRES, 2008).

A partir da Emenda n. 1 de 1969 à Constituição de 1967, é limitada a obrigatoriedade das empresas, inclusive as agrícolas, em relação ao ensino primário, entre os 7 e 14 anos, que poderia ser ofertado diretamente ou através da contribuição delas com o salário educação (Idem, ibidem).

Na década de 1960 começam a surgir atores importantes na construção da Educação do Campo: são os movimentos sociais organizados, tais como o Movimento dos Trabalhadores Rurais Sem Terra (MST), os sindicatos, as Federações de Trabalhadores e a Confederação dos Trabalhadores da Agricultura (Contag), o trabalho das ligas camponesas e a ação pastoral de bispos da Igreja Católica, os Centros Populares de Cultura (CPC) e, mais tarde, o Movimento de Educação de Base (MEB) e os Círculos de Cultura Popular de Paulo Freire.

Não só o surgimento desses centros e movimentos, como também o grande investimento na "educação sindical", com o objetivo de orientar os dirigentes e lideranças rurais para o trabalho organizativo nos sindicatos e para as reivindicações em torno dos direitos trabalhistas, previdenciários e sociais, constituíram as sementes da Educação do Campo.

Com a implantação da Lei n. 5.692/71, que fixou as diretrizes e bases para o ensino de 1º e 2º graus, sancionada em pleno regime militar, a preocupação com o desenvolvimento econômico do país é reforçada, na medida em que coloca como função da escola a formação para o mercado de trabalho em detrimento da formação geral do indivíduo.

Ao tratar das peculiaridades regionais, essa Lei abre espaço para a Educação Rural, a qual foi colocada a serviço da produção agrícola. A referida Lei, na medida em que se colocou distante da realidade sociocultural rural, não incorporou as exigências do processo escolar rural em suas orientações fundamentais, nem mesmo sinalizou elementos para uma política educacional para os povos do campo, que partisse dos diferentes sujeitos que vivem no campo.

Com essa Lei n. 5.692/71 (no seu artigo 20) foi atribuída aos municípios a responsabilidade pelo ensino de 1º grau dos 7 aos 14 anos, apontando, assim, para a municipalização do ensino rural. Alguns projetos deram suporte administrativo e financeiro, tais como: o Programa de Desenvolvimento de Áreas Integradas do Nordeste (Polonordeste), o Programa Nacional de Ações Socioeducativas e Culturais para o Meio Rural (Pronasec), o Programa de Expansão e Melhoria da Educação no Meio Rural do Nordeste (Edurural) e o Programa de Apoio aos Municípios (Promunicípio) (BRASIL/PR, 1971).

Esses projetos não provocaram melhorias em relação à educação rural. Ao contrário, consideraram a escola rural como um espaço em que a formação foi voltada para os instrumentos de produção, distanciando-se de uma formação cidadã (LEITE, 1999). Ao lado disso, esses projetos se constituíam em instrumentos para contribuir na redução das tensões sociais, como destaca Barreto (1985, p. 149), ao analisar programas educacionais implantados no Nordeste brasileiro naquele período: "os programas de educação rural têm mais o objetivo de diminuir as tensões sociais geradas pela pobreza no campo do que propriamente de enfrentar e resolver de modo satisfatório a questão do analfabetismo e do baixo nível de escolarização da região".

Pelo exposto apreende-se que a educação rural foi criada pelo Estado para os sujeitos, num sentido vertical, institucionalizada, sem que houvesse discussões sobre a sua finalidade. De forma diferenciada, a Educação do Campo se fundamenta na situação social, política e pedagógica, pensada a partir dos próprios sujeitos a que se destina, ou seja, é do campo e é histórica e socialmente construída nesse espaço (KOLLING, NERY e MOLINA, 1999; CALDART, 2004; MUNARIM, 2008).

2. A EDUCAÇÃO DO CAMPO COMO DIREITO DOS POVOS DO CAMPO

A educação, como direito do povo brasileiro, teve na Constituição de 1988 um importante marco legal. Essa Constituição ampliou as obrigações do Estado no setor educacional, ao incorporar propostas que expressavam as reivindicações oriundas dos movimentos organizados da sociedade civil.

As mobilizações em torno do processo constituinte e a afirmação de uma cultura de direitos garantiram importantes conquistas da população e espaços de participação nas políticas públicas. Isso fez com que essa Constituição se tornasse expressão dessas reivindicações e, consequentemente, se constituísse em um marco para a educação brasileira, ao incorporar entre os direitos sociais e políticos o acesso de todos(as) os(as) brasileiros(as) à educação escolar como uma premissa básica da democracia.

Ao colocar no seu artigo 208 que o acesso ao ensino obrigatório e gratuito é direito público subjetivo, a Constituição de 1988 ergueu os pilares jurídicos sobre os quais viria a ser edificada uma legislação educacional capaz de sustentar esse direito pelo Estado brasileiro (BRASIL/PR, 1988).

Nesse contexto, a educação rural foi considerada como direito, mas um direito, ainda, inspirado no paradigma urbano. Entretanto, a Constituição de 1988 foi um instrumento balizador para que as Constituições Estaduais e a Lei de Diretrizes e Bases da Educação Nacional—LDB (Lei n. 9.394/96) enfocassem a educação rural no âmbito do direito à igualdade e do respeito às diferenças, possibilitando discutir como seria a oferta dessa educação para os povos do campo, buscando adequar a Educação Básica às especificidades locais.

A Lei de Diretrizes e Bases da Educação Nacional (LDB) n. 9.394/96 (BRASIL/PR, 1996) norteia os princípios e fins da Educação Nacional, e é um documento que traz elementos pertinentes à Educação do Campo. Ao reconhecer, nos artigos 23 e 28 prescritos no Capítulo II — Da Educação Básica, as necessidades educacionais e a diversidade sociocultural e o direito à igualdade e à diferença, aponta para a desvinculação da escola rural em relação à escola urbana. Entretanto, na oferta de educação básica para a população rural, preconiza, ainda, uma proposta que se adeque às peculiaridades locais, em vez de ser uma proposta construída a partir da realidade do campo:

> Art. 23. A educação básica poderá organizar-se em séries anuais, períodos semestrais, ciclos, alternância regular de períodos de estudos, grupos não seriados, com base na idade, na competência e em outros critérios, ou por forma diversa de organização, sempre que o interesse do processo de aprendizagem assim o recomendar.
> Art. 28. Na oferta de educação básica para a população rural, os sistemas de ensino promoverão as adaptações necessárias a sua adequação as peculiaridades da vida rural e de cada região, especialmente:
> I — conteúdos curriculares e metodologias apropriadas as reais necessidades e interesses dos alunos na zona rural;
> II — organização escolar própria, incluindo adequação do calendário escolar as fases do ciclo agrícola e as condições climáticas;
> III — adequação a natureza do trabalho na zona rural.

Outro instrumento importante foi o Fundo de Manutenção e Desenvolvimento do Ensino Fundamental e de Valorização do Magistério (Fundef), criado através da Emenda Constitucional n. 14 e da Lei n. 9.424/96, no sentido de aportar recursos aos municípios para promoverem a universalização do acesso, com qualidade, ao ensino fundamental, constituindo-se assim em uma estratégia de apoio à educação rural. O quantitativo de recursos financeiros definidos em função do número de estudantes efetivamente matriculados em cada sistema de ensino, e segundo as modalidades em que os gastos são maiores, "beneficiou a educação nas escolas localizadas em zonas rurais, porém, ainda, não o suficiente para reverter o quadro de abandono em que estas se encontravam" (BRASIL/MEC/SECAD, 2007, p. 17).

O movimento desencadeado pelo processo constituinte que resultou na promulgação da Constituição de 1988 influenciou também as entidades educacionais de caráter acadêmico e sindical a se organizarem em torno de um Fórum Nacional, que permaneceu articulado durante todo o processo de elaboração da LDB/1996. Essa experiência organizativa propiciou avanços para o setor educacional e contribuiu no processo de elaboração do Plano Nacional de Educação (BRASIL, 2001).

Entretanto, no que se refere à educação rural, o PNE (Lei n. 10.172/2001), embora estabeleça entre as suas diretrizes para o Ensino Fundamental o "tratamento diferenciado para a escola rural", recomenda, numa clara alusão ao modelo urbano, a organização do ensino em séries e a extinção progressiva das escolas unidocentes. Ao tratar a educação rural dessa forma, o legislador não levou em conta o fato de que a unidocência em si não é o problema, mas a inadequação da infraestrutura física e a necessidade de uma formação docente com a qualidade exigida para a educação dos povos do campo (SAVIANI, 2000; BRASIL, 2001).

Nesse processo organizativo dos setores da sociedade, que se desencadeou na elaboração da LDB n. 9.394/96, a busca por uma Educação do Campo de qualidade tem se constituído em uma luta dos movimentos sociais, pois, em que pese o aparato normativo legal, sérios problemas ainda persistem. Alguns desses são comuns à realidade da Educação Básica do campo e das áreas urbanas, tais como: a falta de escolas para atender a todas as crianças e jovens; a existência de muitos(as) adolescentes e jovens fora da escola; a falta de infraestrutura adequada nas escolas; docentes sem a formação necessária; falta de uma política de valorização do magistério; a permanência dos altos índices de analfabetismo; e falta de uma política de financiamento.

Ao lado desses problemas, encontram-se outros específicos da realidade educacional do campo, tais como: a inadequação dos calendários escolares; currículos deslocados das necessidades e das questões do campo e dos interesses dos seus sujeitos (CALAZANS, 1993; XAVIER, 2005; KOLLING, NERY e MOLINA, 1999).

A Educação do Campo emerge das lutas dos povos do campo. Os movimentos sociais vêm se constituindo como agentes principais em luta pela terra, nas últimas décadas do século XX, quando se depararam com a ausência da escola. Dessa forma, a luta foi ampliada no sentido de criar alternativas educativas que atendessem às necessidades desses movimentos, tais como: os Centros Familiares de Formação em Alternância, as Escolas da Roça, as práticas educativas do Movimento dos Trabalhadores Rurais Sem Terra (MST), as lutas dos(as) agricultores(as) familiares por escola, as experiências dos movimentos de educação de base, as diferentes experiências de Educação Popular, as práticas educativas das Comunidades Eclesiais de Base, entre outras, são sementes de onde brotou o Movimento por uma Educação do Campo.

Esse movimento foi criado no sentido de "propiciar um espaço de discussão sobre a Educação do Campo, em que os movimentos sociais ligados às causas dos camponeses e pela reforma agrária buscaram se articular nacionalmente por uma Educação do Campo" (XAVIER, 2005, p. 2).

Além dos movimentos sociais, compunham o Movimento por uma Educação do Campo organizações não governamentais e representantes das universidades e de órgãos públicos. Esse movimento destaca a importância da educação como parte de um projeto de emancipação social e política que fortaleça a cultura e os valores das comunidades campesinas, vinculada ao seu projeto de desenvolvimento autossustentável. Para tanto, preconiza que essa educação seja fundamentada em princípios que valorizem os povos que vivem no campo, respeitando sua diversidade.

A partir da criação desse movimento, foi realizado, em 1997, o I Encontro de Educadoras e Educadores da Reforma Agrária (Enera), que contou com a coordenação do MST, em parceria com a Universidade de Brasília (UnB), o Fundo das Nações Unidas para a Infância (Unicef), a Organização das Nações Unidas para

Educação, Ciência e Cultura (Unesco) e a Conferência Nacional dos Bispos do Brasil (CNBB). Desse Encontro, surgiu a proposta de realização da I Conferência Nacional por uma Educação Básica do Campo.

A I Conferência Nacional por uma Educação Básica do Campo, realizada em 1998, foi, segundo Caldart (2004, p. 1), "o momento do batismo coletivo de um novo jeito de lutar e de pensar a educação para o povo brasileiro que trabalha e que vive no e do campo". Assim, os movimentos sociais inauguraram uma nova referência para o debate e a mobilização popular: "a Educação do Campo e não mais a educação rural ou a educação para o meio rural".

Nessa I Conferência foi reafirmado que o campo é espaço de vida digna e que é legítima a luta por políticas públicas específicas e por um projeto educativo próprio para seus sujeitos. Foram discutidos os problemas, analisadas as propostas e socializadas as experiências de resistência no campo e de afirmação de outro projeto de educação que preconizava a constituição de uma nova realidade, que exigia outra leitura do campo e, respectivamente, da educação voltada para essa realidade.

A partir dessa I Conferência Nacional, houve uma sistematização da discussão sobre as experiências apresentadas pelas entidades participantes e foram reafirmadas três ideias-força sobre a educação básica do campo, sistematizadas por Caldart (2004, p. 89-90):

> 1ª) O campo no Brasil está em movimento. Há tensões, lutas sociais, organizações e movimentos de trabalhadores e trabalhadoras da terra que estão mudando o jeito de a sociedade olhar para o campo e seus sujeitos.
>
> 2ª) A Educação Básica do Campo está sendo produzida neste movimento, nesta dinâmica social, que é também um movimento sociocultural de humanização das pessoas que dele participam.

3ª) Existe uma nova prática de Escola que está sendo gestada neste movimento. Nossa sensibilidade de educadores já nos permitiu perceber que existe algo diferente e que pode ser uma alternativa em nosso horizonte de trabalhador da educação, de ser humano. Precisamos aprender a potencializar os elementos nas diversas experiências e transformá-los em um "movimento consciente de construção das escolas do campo" como escolas que ajudem neste processo mais amplo de humanização e de reafirmação dos povos do campo como sujeitos de seu próprio destino, de sua própria história.

Foi proposta uma Educação do Campo como um contraponto tanto ao silêncio do Estado como também às propostas da chamada educação rural ou educação para o meio rural no Brasil. "Um projeto que se enraíza na trajetória da educação popular e nas lutas sociais da classe trabalhadora." Um projeto "com um novo olhar sobre o campo, um novo jeito de lutar e de pensar a educação para o povo brasileiro que trabalha e que vive no campo" (CALDART, CERIOLI e FERNANDES, 2004, p. 1 e 27).

O que essa luta informa é a emergência de outra matriz para discutir, implantar e lutar pela escola e o compromisso com uma educação construída com a participação efetiva dos sujeitos do campo. Uma escola que seja "do e no campo", isto é, com vínculos de pertencimento político e cultural. Para tanto, é fundamental que na construção desse projeto os sujeitos participem no seu processo de elaboração, desenvolvimento e avaliação. Entre estes, citamos: movimentos sociais, sindicais e comunitários, organizações não governamentais, redes, fóruns, conselhos. O protagonismo dos sujeitos se coloca como central já nos primórdios do movimento.

Os trabalhos continuaram sendo desenvolvidos, após essa I Conferência, através de um Movimento de Articulação Nacional por uma Educação do Campo, com mobilizações nos estados para o debate com a sociedade e levando a mensagem para movimentos sociais, ainda não participantes do movimento, e para educadoras(es) do campo. Foi realizado um Seminário Nacional de Educação do Campo, em Brasília, em 2002, congregando vários representantes da sociedade civil organizada[1] que seguraram o debate em torno do amadurecimento das discussões frente à constatação das nuances discriminatórias de gênero, credo, etnia, que saltam aos olhos, quando na histórica ausência do Estado no ambiente não urbano.

Esse Movimento por uma Educação Básica do Campo, ao lado do Programa Nacional de Educação na Reforma Agrária (Pronera), constitui-se em espaço de gênese de uma política educacional para os assentamentos de reforma agrária. Dessa forma, a educação na reforma agrária e Educação do Campo, ao nascerem simultaneamente, embora sendo distintas, se complementam, constituindo a educação na reforma agrária como uma parte da Educação do Campo.

O Pronera foi implantado em 1998, numa parceria entre movimentos sociais do campo, universidades públicas e o Instituto Nacional de Colonização e Reforma Agrária (Incra). O Programa possibilitou condições para a implantação de oferta de cursos em diversas modalidades de ensino nas áreas de reforma agrária.

A amplitude do debate sobre Educação do Campo propiciada pelo Seminário Nacional de Educação do Campo e a organização dos trabalhadores(as) do campo, no âmbito da luta por políticas públicas, culmina com conquista importante: a aprovação das "Diretrizes Operacionais para a Educação Básica nas Escolas do Campo" (Parecer n. 36/2001 e Resolução 1/2002 do Conselho Nacional de Educação (BRASIL, MEC/CNE/CEB, 2001 e 2002).

---

1. Movimento das Mulheres Trabalhadoras Rurais, Movimento dos Atingidos por Barragens, Movimento dos Pequenos Agricultores, Movimento dos Trabalhadores Rurais Sem Terra, Movimentos Indígenas, Conselho Indigenista Missionário, Comunidades Quilombolas, Pastoral da Juventude Rural, Comissão Pastoral da Terra, Escolas-Famílias Agrícolas, Movimento de Organização Comunitária, entre outras entidades.

Essas Diretrizes consideram o campo como "um campo de possibilidades que dinamizam a ligação dos seres humanos com a própria produção das condições da existência social e com as realizações da sociedade humana" (Idem, ibidem, p. 1). Representam um grande marco para a Educação do Campo, na medida em que incorporam reivindicações dos movimentos sociais vinculados aos povos do campo.

Ao incorporar as reivindicações dos povos do campo, as Diretrizes Operacionais estabelecem, no parágrafo único do artigo 2º, a proposta de uma educação com base na "realidade" do campo, em que a identidade da escola é definida por essa realidade, no sentido de que seja construída uma educação através de saberes próprios dos(as) estudantes e da cultura da sociedade "em defesa de projetos que associem as soluções exigidas por essas questões à qualidade social da vida coletiva no país" (BRASIL, 2001, p. 37).

Ao lado dessas Diretrizes Operacionais, outra conquista política importante para o conjunto das organizações de trabalhadores(as) do campo, no âmbito da luta por políticas públicas, foi a introdução da Educação do Campo na agenda de lutas e de trabalho de um número cada vez maior de movimentos sociais e sindicais desses(as) trabalhadores(as), o que vem pressionando sua inclusão na agenda de alguns governos municipais, estaduais e também na agenda do governo federal.

A II Conferência Nacional por uma Educação do Campo ocorreu em 2004, em Luiziânia, Goiás. Teve seu nome alterado de "por uma Educação Básica do Campo" para "por uma Educação do Campo", a partir dos debates realizados no seminário nacional e das decisões tomadas que demonstravam a preocupação em afirmar a necessidade de uma educação que extrapolasse o nível da escola formal e ampliasse as modalidades de educação como direito dos povos do campo.

A proposta "por uma Educação do Campo" se constitui em uma luta dos povos do campo por políticas públicas que assegurem o seu direito à educação e a uma educação que seja no e do campo, conforme Caldart (2004, p. 149-50): "No: o povo tem direito a ser educado onde vive; Do: o povo tem direito a uma educação pensada desde o seu lugar e com a sua participação, vinculada a sua cultura e às suas necessidades humanas e sociais." A perspectiva da luta dos povos do campo por educação ocorre no campo das políticas públicas, porque busca universalizar o acesso de todo o povo à educação, porém uma educação de qualidade, uma educação que forme pessoas como "sujeitos de direito". Preconizam também que "é preciso colocar o debate no âmbito geral da educação e no debate de um projeto popular de desenvolvimento do país" (Idem, ibidem).

Essa II Conferência reforçou as propostas da I Conferência, buscando efetivar no Brasil um tratamento público específico para a Educação do Campo, conforme compromisso coletivo reafirmado na II Conferência (Declaração Final, 2004).

Os resultados da II Conferência demonstram que há uma forte relação da Educação do Campo com a sua realidade, objetivando contribuir para o desenvolvimento sustentável. Reforça a importância da agricultura familiar, porém evitando a dicotomia historicamente construída campo-cidade, em que as áreas rurais foram consideradas atrasadas e sua população tratada de forma discriminatória. A superação dessa dicotomia busca valorizar o rural com a sua dinâmica sociocultural específica. Essa valorização passa pelo reconhecimento dos direitos sociais e humanos dos povos do campo, e para isso é proposta a inclusão da Educação do Campo como uma política pública.

Essa nova perspectiva de educação para o campo que surge a partir desse movimento "por uma Educação do Campo" orienta-se em um novo paradigma.

É uma perspectiva que procura questionar o conhecimento científico considerado universal e a transposição do conhecimento das escolas urbanas para as rurais. Questiona a visão "urbanocêntrica" (FERNANDES, 2006, p. 17), assim como também analisa criticamente a escola rural e as propostas desenvolvimentistas para o campo, centradas, principalmente, no agronegócio e na exploração dos recursos naturais.

A Educação do Campo foi assumida pelo Ministério de Educação (MEC) como uma Coordenadoria da Secretaria de Educação Continuada, Alfabetização e Diversidade (Secad), atualmente denominada Secretaria de Educação Continuada, Alfabetização, Diversidade e Inclusão (Secadi), que coordena a inclusão das questões do campo nas políticas nacionais e nas Secretarias Estaduais e Municipais de Educação.

Outras demandas do Movimento Nacional pela Educação do Campo estão sendo incorporadas na agenda política. Recentemente, foi promulgada a Lei n. 11.494/2007, que regulamenta o Fundo de Manutenção e Desenvolvimento da Educação Básica e Valorização dos Profissionais da Educação — Fundeb (BRASIL/PR, 2007).

Nessa legislação, faz-se referência ao artigo 10 do Capítulo III — Da distribuição dos recursos, o qual apresenta a distribuição proporcional dos recursos, levando em consideração as etapas, modalidades e tipos de estabelecimento de ensino da educação básica entre campo e urbano (BRASIL/PR, 2007). O artigo 10 do FUNDEB ratifica o artigo 15 da Resolução n. 1/2002, ao determinar a diferenciação do custo-aluno com vista ao financiamento das escolas do campo, considerando as especificidades locais e as mazelas pelas quais essas escolas estavam postas (materiais didáticos, transporte escolar para estudantes e professores(as), remuneração dos(as) professores(as) etc.).

A Educação do Campo tem a sua visão ampliada, legalmente, através da Resolução CNE/CEB n. 2/2008 (BRASIL/MEC/CNE, 2008), a qual estabelece diretrizes complementares, normas e princípios para o desenvolvimento de políticas públicas de atendimento da educação básica do campo, conforme o que é colocado em seu artigo 1º:

A Educação do Campo compreende a Educação Básica em suas etapas de Educação Infantil, Ensino Fundamental, Ensino Médio e Educação Profissional Técnica de nível médio integrada com o Ensino Médio e destina-se ao atendimento às populações rurais em suas mais variadas formas de produção da vida — agricultores familiares, extrativistas, pescadores artesanais, ribeirinhos, assentados e acampados da Reforma Agrária, quilombolas, caiçaras, indígenas e outros.

Visando assegurar esse atendimento, essas diretrizes complementares responsabilizam os Entes Federados no sentido de estabelecerem formas de cooperação quanto ao planejamento e ao desenvolvimento da Educação do Campo, objetivando a universalização do acesso, da permanência e do sucesso escolar, com qualidade, em todos os níveis da Educação Básica.

Essas diretrizes propõem que a Educação do Campo seja desenvolvida, preferencialmente, no âmbito do Ensino Regular, porém, normatizam que se estenda, também, à modalidade da Educação de Jovens e Adultos para as populações do campo que não tiveram acesso ou não concluíram seus estudos, no Ensino Fundamental ou no Ensino Médio, em idade própria. Incluem a modalidade de Educação Especial para que crianças e jovens residentes no campo, que necessitam desse atendimento, tenham acesso à Educação Básica, preferencialmente em escolas comuns da rede de ensino regular.

A Resolução CNE/CEB n. 2/2008 busca fortalecer a Educação do Campo como direito quando recomenda que os sistemas de ensino adotem medidas que assegurem o cumprimento do artigo 6º da Resolução CNE/CEB n. 1/2002, quanto aos deveres dos Poderes Públicos na oferta de Educação Básica às comunidades rurais, o que deve ser realizado em regime de colaboração entre os estados e seus municípios ou mediante consórcios municipais.

Como direito, é fundamental que essa educação seja do campo e desenvolvida no campo. Nesse sentido, a Resolução

CNE/CEB n. 2/2008 orienta que sejam evitados os processos de nucleação de escolas e de deslocamento das crianças na educação infantil e séries inicias do ensino fundamental, conforme é normatizado no artigo 3º "A Educação Infantil e os anos iniciais do Ensino Fundamental serão sempre oferecidos nas próprias comunidades rurais, evitando-se os processos de nucleação de escolas e de deslocamento das crianças" (BRASIL/MEC/CNE, 2008).

Porém, quando os anos iniciais do ensino fundamental não puderem ser oferecidos nas próprias comunidades das crianças, a Resolução n. 2/2008 propõe que a nucleação rural leve em conta a participação das comunidades interessadas na definição do local, bem como as possibilidades de percurso a pé pelos alunos na menor distância a ser percorrida e quando se fizer necessária a adoção do transporte escolar. Devem ser considerados o menor tempo possível no percurso residência-escola e a garantia de transporte das crianças do campo para o campo, ou seja, preservado o princípio intracampo. Esse deslocamento com menores distâncias e no formato intracampo é também o recomendável para a oferta de Educação de Jovens e Adultos para os povos do campo.

No que se refere ao transporte escolar, é recomendado que ele se adeque às especificidades locais e dos(as) estudantes das escolas do campo, conforme o artigo 8º da Resolução CNE/CEB n. 2/2008:

> Art. 8º O transporte escolar, quando necessário e indispensável, deverá ser cumprido de acordo com as normas do Código Nacional de Trânsito quanto aos veículos utilizados.
> § 1º Os contratos de transporte escolar observarão os artigos 137, 138 e 139 do referido Código.

No caso dos anos finais do Ensino Fundamental e para o Ensino Médio, integrado ou não à educação profissional técnica, a Resolução CNE/CEB n. 2/2008, em seu artigo 5º, recomenda que a nucleação poderá ser a melhor solução, porém que seja considerado o processo de diálogo com as comunidades e respeitados seus valores e a sua cultura.

Apreende-se que do ponto de vista da democratização da Educação do Campo houve um avanço em relação às diretrizes operacionais de 2002, na medida em que estabelece o desenvolvimento de políticas públicas de atendimento da Educação Básica do Campo.

Nesse sentido, na Conferência Nacional de Educação (Conae), realizada em 2010, foram aprovadas emendas no Eixo VI — Justiça social, educação e trabalho: inclusão, diversidade e igualdade, propondo assegurar uma política pública nacional de Educação do Campo e da floresta como direito humano, articulada com o projeto alternativo de sustentabilidade ambiental e atrelada a uma política pública de financiamento da educação, incorporando assim os anseios dos movimentos sociais organizados quanto à construção da Educação do Campo como uma política pública (BRASIL, MEC, 2010).

Nessa Conferência, foi aprovada a criação de um fórum permanente com o objetivo de exercer uma análise crítica constante, severa e independente acerca das políticas públicas de Educação do Campo, bem como a correspondente ação política com vista à implantação, à consolidação e mesmo à elaboração de proposições de políticas públicas nessa área. O Fórum Nacional de Educação do Campo (Fonec) foi criado em Brasília, no período de 16 a 17 de agosto de 2010 (Carta de Criação do Fórum Nacional de Educação do Campo, 2010).

A Conae, cuja temática foi: "Construindo o Sistema Nacional Articulado de Educação: o Plano Nacional de Educação (PNE), Diretrizes e Estratégias de Ação", indicou 38 emendas, as quais deveriam ser incorporadas ao PNE 2011-2020.

No que diz respeito à Educação do Campo, observa-se que das emendas aprovadas na Conae-2010, apenas uma meta entre as estratégias dentro da educação básica foi destacada: a meta 8 — elevar a escolaridade média da população de 18 a 24, anos de modo a alcançar mínimo de 12 anos de estudo para as populações do campo, da região de menor escolaridade no país e dos 25% mais pobres, bem como igualar a escolaridade média entre negros(as) e não negros, com vista à redução da desigualdade educacional. Apreende-se que a meta em pauta trata de jovens que não tiveram acesso à escolarização básica na idade correta e que serão atendidos pela Educação de Jovens e Adultos. Essa meta não propõe estratégias para sua concretização (MEC/CONAE, 2010).

Foram construídas, apenas, estratégias relativas à Educação Infantil, Ensino Fundamental, Ensino Médio e Educação Integral, as quais se diluem nas metas generalistas propostas para o PNE 2011-2020 (Projeto de Lei n. 8.035/2010).

No caso da Educação Infantil, no campo, destacam-se a estratégia 1.7: fomentar o atendimento das crianças do campo na Educação Infantil por meio do redimensionamento da distribuição territorial da oferta, limitando a nucleação de escolas e o deslocamento das crianças, de forma a atender às especificidades das comunidades rurais; e a estratégia 1.8: respeitar a opção dos povos indígenas quanto à oferta de Educação Infantil, por meio de mecanismos de consulta prévia e informada às questões inseridas na meta 1 — universalizar, até 2016, o atendimento escolar da população de 4 e 5 anos, e ampliar, até 2020, a oferta de educação infantil de forma a atender a 50% da população de até 3 anos.

No caso do Ensino Fundamental no campo, as estratégias foram propostas na meta 2 — universalizar o Ensino Fundamental de nove anos para toda população de 6 a 14 anos:

> 2.4) Ampliar programa nacional de aquisição de veículos para transporte dos estudantes do campo, com os objetivos de renovar e padronizar

a frota rural de veículos escolares, reduzir a evasão escolar da Educação do Campo e racionalizar o processo de compra de veículos para o transporte escolar do campo, garantindo o transporte intracampo, cabendo aos sistemas estaduais e municipais reduzir o tempo máximo dos estudantes em deslocamento a partir de suas realidades.

2.5) Manter programa nacional de reestruturação e aquisição de equipamentos para escolas do campo, bem como de produção dematerial didático e de formação de professores para a Educação do Campo, com especial atenção às classes multisseriadas.

2.6) Manter programas de formação de pessoal especializado, de produção de material didático e de desenvolvimento de currículos e programas específicos para educação escolar nas comunidades indígenas, neles incluindo os conteúdos culturais correspondentes às respectivas comunidades e considerando o fortalecimento das práticas socioculturais e da língua materna de cada comunidade indígena.

2.7) Desenvolver tecnologias pedagógicas que combinem, de maneira articulada, a organização do tempo e das atividades didáticas entre a escola e o ambiente comunitário, em prol da Educação do Campo e da educação indígena.

2.8) Estimular a oferta dos anos iniciais do ensino fundamental para as populações do campo nas próprias comunidades rurais e

2.9) Disciplinar, no âmbito dos sistemas de ensino, a organização do trabalho pedagógico incluindo adequação do calendário escolar de acordo com a realidade local e com as condições climáticas da região.

Com relação ao Ensino Médio foi proposta a estratégia 3.5: fomentar a expansão das matrículas de ensino médio integrado à educação profissional, observando-se as peculiaridades das populações do campo, dos povos indígenas e das comunidades quilombolas. Está inserido na meta 3 — universalizar, até 2016, o atendimento escolar para toda a população de 15 a 17 anos e elevar, até 2020, a taxa líquida de matrículas no ensino médio para 85%, nessa faixa etária.

Outro instrumento normativo que trata da Educação do Campo é a Resolução CNE/CEB n. 4/2010 (BRASIL/MEC/CNE,

2010) que define Diretrizes Curriculares Nacionais Gerais para a Educação Básica. A Educação do Campo, com a denominação Educação Básica do Campo, é colocada na Seção IV, artigos 35 e 36, como uma modalidade, o que tem sido criticado pelos movimentos sociais e demais representantes dos povos do campo. Vejamos o que contém os artigos 35 e 36.

> Art. 35. Na modalidade de Educação Básica do Campo, a educação para a população rural está prevista com adequações necessárias às peculiaridades da vida no campo e de cada região, definindo-se orientações para três aspectos essenciais à organização da ação pedagógica:
>
> I — conteúdos curriculares e metodologias apropriadas às reais necessidades e interesses dos estudantes da zona rural;
>
> II — organização escolar própria, incluindo adequação do calendário escolar às fases do ciclo agrícola e às condições climáticas;
>
> III — adequação à natureza do trabalho na zona rural.
>
> Art. 36. A identidade da escola do campo é definida pela vinculação com as questões inerentes à sua realidade, com propostas pedagógicas que contemplam sua diversidade em todos os aspectos, tais como sociais, culturais, políticos, econômicos, de gênero, geração e etnia.
>
> Parágrafo único. Formas de organização e metodologias pertinentes à realidade do campo devem ter acolhidas, como a pedagogia da terra, pela qual se busca um trabalho pedagógico fundamentado no princípio da sustentabilidade, para assegurar a preservação da vida das futuras gerações, e a pedagogia da alternância, na qual o estudante participa, concomitante e alternadamente, de dois ambientes/situações de aprendizagem: o escolar e o laboral, supondo parceria educativa, em que ambas as partes são corresponsáveis pelo aprendizado e pela formação do(a) estudante.

3. A EDUCAÇÃO DO CAMPO E A ESCOLA DO CAMPO

Compreender a questão da Educação do Campo e da escola do campo requer situá-la em seus princípios balizadores. Esses princípios foram fruto de reflexões do Grupo Permanente de Trabalho de Educação do Campo (GPT), instituído pelo Ministério da Educação, em 2003, e compõem as Referências para uma Política Nacional de Educação do Campo — Caderno de Subsídios.

O GPT é formado por uma ampla composição institucional no âmbito do MEC e interinstitucional com outros ministérios, e com a efetiva participação dos movimentos sociais. Assume uma agenda de trabalho para discutir e subsidiar a construção de políticas de Educação do Campo que atendam às necessidades educacionais, respeitem a diversidade cultural e as diferentes experiências de educação em desenvolvimento e sejam um instrumento para o desenvolvimento sustentável nas cinco regiões do país.

Esse grupo se pauta em dois elementos que fundamentam a Educação do Campo: a superação da dicotomia entre rural e urbano; e as relações de pertença diferenciadas e abertas para o mundo.

São os seguintes os princípios da Educação do Campo colocados pelo GPT: A Educação do Campo de qualidade é um direito dos povos do campo.

I. A Educação do Campo e o respeito às organizações sociais e o conhecimento por elas produzido.
II. A Educação do Campo no campo.
III. A Educação do Campo enquanto produção de cultura.
IV. A Educação do Campo na formação dos sujeitos.
V. A Educação do Campo como formação humana para o Desenvolvimento Sustentável.
VI. A Educação do Campo e o respeito às características do Campo.

Os princípios norteadores da Educação do Campo foram reafirmados e ampliados através do Decreto n. 7.352/2010, o qual dispõe sobre a política de Educação do Campo e o Programa Nacional de Educação na Reforma Agrária (Pronera).

No artigo 2º desse Decreto são colocados como princípios da Educação do Campo:

- respeito à diversidade do campo em seus aspectos sociais, culturais, ambientais, políticos, econômicos, de gênero, geracional e de raça e etnia;
- incentivo à formulação de projetos político-pedagógicos específicos para as escolas do campo, estimulando o desenvolvimento das unidades escolares como espaços públicos de investigação e articulação de experiências e estudos direcionados para o desenvolvimento social, economicamente justo e ambientalmente sustentável, em articulação com o mundo do trabalho;
- desenvolvimento de políticas de formação de profissionais da educação para o atendimento da especificidade das escolas do campo, considerando-se as condições concretas da produção e reprodução social da vida no campo;
- valorização da identidade da escola do campo por meio de projetos pedagógicos com conteúdos curriculares e metodologias adequadas às reais necessidades dos alunos, bem como flexibilidade na organização escolar, incluindo adequação do calendário escolar às fases do ciclo agrícola e às condições climáticas; e
- controle social da qualidade da educação escolar, mediante a efetiva participação da comunidade e dos movimentos sociais do campo.

Nesse contexto de construção da Educação do Campo, a participação dos movimentos sociais no campo como incentivadores dessa construção propiciou a criação de espaços interinstitucionais e instrumentos normativos para a sua concretização. Há uma reconfiguração do mundo rural, e o debate e o movimento sobre a terra, o trabalho, a educação e a reforma agrária ganham nova força e visibilidade. Há pressão por políticas públicas para populações que se encontram excluídas da vida produtiva e social, defendendo uma participação política efetiva.

Nesse processo de construção, permeado por conflitos, a escola ganha um novo sentido, não apenas pelas exigências de atendimento a crianças e jovens. Apresenta-se um debate sobre o sentido da escola, sobre o seu caráter formativo, sobre a formação de professores(as), sobre o aprendizado que deve ser efetivado e sobre a elaboração de uma proposta pedagógica que esteja em sintonia com a história de luta dos trabalhadores(as) e dos demais povos do campo. É um movimento por uma educação básica do campo, empreendido por diversas organizações e movimentos sociais, no sentido de pensar a aprendizagem para além da escola e de travar uma luta que é, ao mesmo tempo, política e pedagógica, de valorização de uma população que vive e trabalha no campo e de sua capacidade de mobilização e organização social (VENDRAMINI, 2004).

É nesse movimento que se situa a Escola do Campo. Compreender a identidade da escola do campo requer reconhecer a relação entre cultura e escola, e que as questões culturais sempre estiveram presentes em debates sobre a Educação do Campo e sobre a escola.

Nesse sentido, Forquin (1993, p. 197) revelou a existência de uma "relação íntima, orgânica" entre educação e cultura e considera a escola como um "mundo social" de características e vida próprias, nomeado de cultura de escola. Nessa direção, Gómez (2001) identifica a escola como um espaço de cruzamento de culturas, que lhes dão identidade, relativa autonoomia e a finalidade de mediar, reflexivamente, os múltiplos conhecimentos.

Assim, a escola ganha uma nova dimensão, um novo sentido para atender a crianças, jovens e adultos do campo e no campo. Apresenta-se um novo debate sobre o sentido da escola, sobre o seu caráter formativo, sobre a formação de professores(as), sobre o aprendizado que deve ser realizado.

A escola pública é parte integrante da Educação do Campo, e esta a desafia na forma como é organizada historicamente. Desafia o ritual homogêneo e fragmentado da organização do trabalho pedagógico e insurge a construção de novas experiências de gestão e de trabalho pedagógico na escola. A Educação do Campo precisa contemplar experiências escolares e não escolares, que poderiam potencializá-la, em nome da transformação social, em oposição à conservação.

A Resolução CNE/CEB n. 1, de 2002, que institui as diretrizes operacionais para a educação básica nas escolas do campo, reconhece no seu artigo 2º que a escola do campo tem a identidade vinculada à realidade na qual está inserida. Em seu artigo 4º ressalta a importância da educação para o exercício pleno da cidadania e para um desenvolvimento do país que considere a solidariedade e a justiça social, através de um projeto institucional de escola do campo que trabalhe nesse sentido.

Canário (2000) aponta para uma compreensão da escola incluindo-a escola no mundo rural, para além dela própria. Pensar a escola é pensar, em primeiro lugar, no espaço em que está localizada, em suas necessidades e fragilidades, mas também em suas potencialidades. A escola precisa estar em sintonia com as mudanças que acontecem no local, com as novas necessidades criadas e recriadas e com as expectativas de formação que vão se constituindo de acordo com o modo de vida e de trabalho, que também estão em transformação.

Pensar a escola do campo é não reduzir a questão aos limites da escola, mas considerar os diversos espaços e formas de educação. Tomamos como base a concepção de formação como um processo em permanente construção, permeada de contradições e determinada por condições objetivas e subjetivas, em que os sujeitos sociais vão se constituindo.

A escola do campo precisa explicitar os conflitos e as tensões decorrentes da construção de práticas educativas questionadoras da realidade social. A escola precisa apreender e intervir no contexto social, econômico e cultural em que está inserida.

A Educação do e no Campo vai além da educação formal e da escola, na medida em que ela possibilita a construção de um projeto educativo que dialoga com a realidade mais ampla onde ela está inserida. A escola não pode ser vista como uma entidade fechada em si mesma, alheia à dinâmica social, mas inserida e tendo sua função nessa dinâmica. Para tanto, é fundamental que a escola do campo se engaje na construção de uma matriz produtiva camponesa, como parte das lutas mais gerais do campo (CALDART, 2004).

Alguns estudos que discutem o significado da escola rural para o camponês (DAMASCENO, 1995, 1998; BRANDÃO, 1997; FURTADO, 1998; CALDART, 2000) têm mostrado que o movimento social do campo vem realizando ações com vistas à construção de uma escola pública sintonizada com os interesses dos povos do campo. Na concretização dessa escola torna-se necessário deslocar radicalmente os sujeitos e os propósitos da educação escolar, colocando no centro os usuários e seus interesses. Isso significa, em última instância, que a luta pela escola do(a) trabalhador(a) rural está intimamente vinculada à luta pela superação das desigualdades sociais.

Pesquisas mostram, também, que embora a realização do projeto político-pedagógico da escola do campo seja uma tarefa complexa, o próprio movimento popular vem historicamente atuando na sua construção, tendo em vista que esta nova escola torna-se cada vez mais necessária como instrumento de apoio técnico, intelectual e político nas lutas que os(as) trabalhadores(as) do campo travam diariamente.

Na Escola do Campo, nos diversos níveis, vários aspectos podem ser trabalhados, como, por exemplo, identificar quais são os povos do campo existentes em cada região e como se constitui a identidade de cada um deles. É importante, ainda, identificar: as diferenças de gênero, de etnia, de religião, de geração; os diferentes jeitos de produzir e de viver; os diferentes modos de olhar o mundo; os diferentes modos de conhecer a realidade e de resolver os problemas.

3ª PARTE

A organização da AÇÃO PEDAGÓGICA da Educação do Campo

A ORGANIZAÇÃO DA AÇÃO PEDAGÓGICA DA EDUCAÇÃO DO CAMPO

1. A ORGANIZAÇÃO DO TRABALHO PEDAGÓGICO

A Resolução n. 1 CNE/CEB/2002, que estabelece as diretrizes operacionais para a Educação do Campo, guarda consonância com as aspirações dos movimentos sociais do campo, ao normatizarem como um dos elementos fundamentais a organização das escolas que deverá ocorrer mediante a apresentação de propostas pedagógicas, elaboradas no âmbito da autonomia das instituições de ensino contemplando a diversidade do campo em todos os seus aspectos (sociais, culturais, políticos, econômicos, de gênero, geração e etnia), e a flexibilização dos tempos e espaços escolares assegurando, por exemplo, a fixação de calendário escolar que considere a configuração de ano letivo independentemente de ano civil e que atenda às especificidades locais, principalmente no que tange ao período de plantio e colheita.

A Resolução CNE/CEB n. 2/2008 (BRASIL/MEC/CNE, 2008), que estabelece diretrizes complementares, normas e princípios para o desenvolvimento de políticas públicas de atendimento da Educação Básica do Campo coloca em seu art. 7º, que a Educação do Campo deverá oferecer sempre o indispensável apoio pedagógico aos alunos. Isso inclui condições infraestruturais adequadas, bem como materiais e livros didáticos, equipamentos, laboratórios, biblioteca e áreas de lazer e desporto, em conformidade com a realidade local e as diversidades dos povos do campo, com atendimento ao artigo 5º das Diretrizes Operacionais para a Educação Básica nas Escolas do Campo.

Essa Resolução orienta em seus parágrafos primeiro e segundo sobre a organização e o funcionamento das escolas do campo e a formação dos(as) professores(as) e pessoal de apoio ao trabalho docente:

> § 1º A organização e o funcionamento das escolas do campo respeitarão as diferenças entre as populações atendidas quanto à sua atividade econômica, seu estilo de vida, sua cultura e suas tradições.
>
> § 2º A admissão e a formação inicial e continuada dos professores e do pessoal de magistério de apoio ao trabalho docente deverão considerar sempre a formação pedagógica apropriada à Educação do Campo e às oportunidades de atualização e aperfeiçoamento com os profissionais comprometidos com suas especificidades.

Nesse sentido, é fundamental viabilizar nas escolas do campo a construção de uma proposta pedagógica diferenciada. O projeto político-pedagógico se constitui em um instrumento de gestão para colocar em ação essa proposta. Para tanto, a sua elaboração deve ser democrática, envolvendo todos os que fazem parte da escola: estudantes, gestores(as), coordenadores(as), professores(as), profissionais de apoio e a comunidade. Deve partir de uma análise do contexto do campo e da escola e de uma concepção de Educação do Campo, suas finalidades e princípios básicos, como forma de caracterizar que espaço de atuação é esse, bem como a elaboração de propostas pertinentes ao contexto em que a escola se insere.

A proposta pedagógica construída pela e com a Escola do Campo deve se pautar em uma educação que respeite o modo de vida dos povos do campo, sua dinâmica social e acolha seus saberes e experiências. E isso implica a definição de um projeto político-pedagógico que objetive a formação da criança e jovem na perspectiva do desenvolvimento sustentável e coletivo do campo, que incorpore a agricultura camponesa e a agroecologia popular (CALDART e MOLINA 2004; AZEVEDO DE JESUS, 2006), e os valores humanos e solidários no processo de transmissão e produção do conhecimento científico. Propõe-se que esse projeto pedagógico se paute nos seguintes eixos:

- as relações entre educação e trabalho, teoria e prática social;

- a ação investigativa, questionadora e criativa;

- as relações entre educação, cultura, política e economia;

- o trabalho coletivo, a construção da autonomia dos coletivos de docentes e discentes; e

- a gestão democrática, dentre outros.

A organização do trabalho pedagógico na Educação do Campo requer uma formação de educadores(as) a partir da dinâmica social, política e cultural existente no campo e através das lutas pelos direitos de seus povos, pelo direito à terra, ao território, ao modo de produção camponês, à educação e à escola (ARROYO, 2007).

Essa formação vai além dos espaços de atuação escolar. Práticas formativas desenvolvidas em parceria com os movimentos sociais e sindicais do campo têm caminhado nesse sentido. Mas, pela própria compreensão acumulada na Educação do Campo, da centralidade dos diferentes tempos e espaços formativos existentes na vida do campo, nas lutas dos sujeitos que aí vivem e que se organizam para continuar garantindo sua reprodução social neste território, a ação formativa desenvolvida por estes(as) educadores(as) deverá ser capaz de compreender e agir em diferentes espaços, tempos e situações (MOLINA, 2010).

É fundamental articular a formação e a preparação para a gestão dos processos educativos escolares e também para a gestão dos processos educativos comunitários, ou seja, formar educadores(as) capazes de promover profunda articulação entre escola e comunidade.

Nesse processo formativo a educação precisa ser compreendida como prática social; tratar o conhecimento de forma inter-relacionada; e ser incentivada à construção de novas possibilidades de vida e permanência no campo como espaço de lutas coletivas de seus sujeitos por melhores condições de vida, de trabalho e de educação, conforme Arroyo (2003, p. 10) ressalta:

> Essa estreita relação entre função educativa, diretiva e organizativa passará a ser um traço do perfil de educador que os movimentos demandam [...]. Se dará ênfase também às didáticas não apenas escolares, de ensino, mas às estratégias e didáticas para a direção e consolidação da Reforma Agrária e dos movimentos.

A formação desse novo perfil de professor(a) vem se constituindo em um dos maiores desafios colocados a todos aqueles que querem redesenhar as funções e papéis da escola do campo: as práticas; as estratégias; as ações e, centralmente, as omissões com as quais tradicionalmente as escolas têm lidado com o conhecimento. Um dos exemplos são os Cursos de Licenciatura em Educação do Campo, do Procampo/MEC,[2] em articulação com

---

2. O Programa de Apoio à Formação Superior em Licenciatura em Educação do Campo (Procampo) é uma iniciativa desse Ministério, por intermédio da SECADI, com apoio da Secretaria de Educação Superior (Sesu) e execução financeira do Fundo Nacional de Desen-

universidades públicas, que vêm formando na maioria dos estados brasileiros professores(as) do campo para a habilitação da docência por área de conhecimento, para a gestão de processos educativos escolares e também para a gestão de processos educativos comunitários.

2. CURRÍCULO, SABERES E PRÁTICAS EDUCATIVAS

Tratar a questão do currículo na Educação do Campo é sair da visão generalista, de uma visão única de conhecimento, de modos de pensar, de verdade, de ciência, de validade, que predomina nos currículos de educação básica. Segundo Arroyo (2010, p. 484):

> Os currículos de educação básica seriam a síntese dessas verdades válidas, únicas, consequentemente os profissionais desses currículos terão de dominar esses conhecimentos e verdades válidas e validadas científica e racionalmente para bem transmiti-las, com competência. Essa lógica domina a visão escolar de conhecimento, de verdade, de validade e de racionalidade e consequentemente de licenciatura, docência e sua formação centrada nesses domínios. A afirmação desses conhecimentos e modos de pensar como únicos leva a negação de outros conhecimentos e de outras formas de pensar. Leva ao não reconhecimento dos coletivos populares como sujeitos de conhecimento, de racionalidade.

Segundo Sacristán (2000), o currículo é um objeto que se constrói no processo de configuração, concretização e expressão

---

volvimento da Educação (FNDE), em cumprimento às suas atribuições de responder pela formulação de políticas públicas de valorização da diversidade e promoção da equidade na educação. Disponível em: <http://www.mec.gov.br>. Acesso em: 15 jun. 2012.

de determinadas práticas pedagógicas e em sua própria avaliação, como resultado das diversas intervenções que nele se operam.

No caso da Educação do Campo, é importante refletir sobre a complexidade da realidade do campo como um espaço de experiências humanas, políticas, sociais culturais, cognitivas, éticas e estéticas. O currículo deve ser aberto aos conteúdos, pautado em um diálogo de conhecimentos e de processos de formação. Um diálogo na diversidade que amplie o campo do conhecimento, da verdade e da formação e propicie uma mobilização pela desconstrução de uma falsa unidade de um saber sequencial, repartido em disciplinas estanques e hierarquizadas entre si.

A escola traz, em sua dinâmica interna, a possibilidade da descoberta de outra cultura. A escola deve ser — ela mesma, por seus ritos, práticas e gestos — esclarecedora, dado que, mesmo que o deseje, não foge da eleição de valores e de postulados de vida, buscando sempre a reelaboração de saberes.

No cerne desse processo de reelaboração do saber encontra-se a necessidade de uma efetiva articulação entre a prática pedagógica realizada pela escola (que deve ser redimensionada) e as práticas sociais dos(as) camponeses(as). Isso implica transformar a escola num instrumento que opere a vinculação do saber sistematizado, dito universal, com o saber alternativo que vem sendo gestado nas práticas das lutas sociais. Assim, como propõe Arroyo (1987), se quisermos que a escola pública não murche ainda mais precisamos enxertá-la na árvore vigorosa e florescente dos movimentos sociais, pois esse caminho permite que o(a) trabalhador(a) passe da condição de receptor(a) para a de produtor(a) do conhecimento. Na condição de sujeitos que pensam a sua história, esses(as) trabalhadores(as) têm consciência de que escola quer e dos conteúdos intelectuais e morais que ela deve produzir e transmitir.

É fundamental retomar a discussão sobre a necessidade/possibilidade de vínculo da escola, de seu projeto pedagógico, com sujeitos concretos na diversidade de questões que a "vida real" lhes impõe. Uma escola cujos profissionais sejam capazes de coordenar a construção de um currículo que contemple diferentes dimensões formativas e que articule o trabalho pedagógico na dimensão do conhecimento com práticas de trabalho, cultura, luta social. É preciso pensar em um ambiente educativo que trabalhe múltiplas atividades voltadas às diversas dimensões de formação humana.

Uma escola do campo precisa de um currículo que trabalhe o território, a terra e a cultura. São espaços e símbolos de identidade e de cultura. Para Arroyo (2007, p. 163), essa deve ser a base da formação dos(as) educadores(as) do campo:

> entender a força que o território, a terra, o lugar tem na formação social, política, cultural, identitária dos povos do campo [...] Sem a articulação entre o espaço da escola e os outros espaços, lugares, territórios onde se produzem, será difícil sermos mestres de um projeto educativo.

Nesse sentido, o trabalho pedagógico por Temas Geradores é uma iniciativa recomendável. A opção pela organização curricular a partir do tema gerador nasce e se desenvolve na reflexão e experiência dos movimentos sociais, que compreendem a educação e a escola como parte de um projeto de desenvolvimento e o próprio movimento como sujeito educativo. No processo de escolha do tema gerador, recomenda-se participar a escola e a comunidade, importando nesse trabalho o processo em que os diversos sujeitos estão envolvidos.

A discussão do tema pela escola e comunidade produz uma decisão coletiva não cabendo aos(às) professores(as) a decisão preponderante, o que, de antemão, implica a compreensão de que a temática a ser estudada deve estar organicamente vinculada às problemáticas vividas pela comunidade. Deve estabelecer relação com o contexto mais amplo, na perspectiva de articular a temática do ponto de vista local e global. E a organização curricular é desencadeada a partir do tema gerador, pelo qual os conteúdos e os tempos pedagógicos são definidos.

Trata-se de uma concepção pedagógica que apresenta uma direção de caráter histórico-social à inserção dos sujeitos e suas realidades dinâmicas, o que se relaciona diretamente às opções autônomas que as escolas constroem na efetivação de seus currículos. Ao decidir pela seleção, forma de organização e distribuição dos conhecimentos, as comunidades definem sua própria caminhada de opção teórico-metodológica transformadora, envolvendo suas discussões nas opções de concepção de homem/mulher, de sociedade e de educação.

É nessa dinâmica escolar de ruptura com o estabelecido que o trabalho com os Temas Geradores vêm se constituindo em um desafio nas práticas dos(as) professores(as) nas escolas do campo. Na prática educativa com esses temas, principalmente em escolas que têm nessa opção uma decisão do corpo docente ou do sistema, os(as) professores(as) têm em seu horizonte a permanente e complexa responsabilidade de decidir, como corpo docente, sobre a organização do trabalho pedagógico.

Como exemplificação de temas geradores, citamos: água potável, qualidade de vida do homem e da mulher do campo; resgatando a cultura e revivendo a história; higiene e saúde; as plantas: conservando hoje para garantir o amanhã; o homem e a mulher do campo no exercício da cidadania; Terra e trabalho no campo, entre outros.

3. ORGANIZAÇÃO E GESTÃO DA EDUCAÇÃO DO CAMPO

As Diretrizes Operacionais para a Educação Básica das Escolas do Campo em seu artigo 3º preconizam que a educação seja voltada "à cidadania plena e para o desenvolvimento do país", cujo paradigma tenha como referência "a justiça social, a solidariedade e o diálogo". Tem como pretensão universalizar a educação básica e a educação profissional com qualidade social, ao considerar a importância dessa educação para o desenvolvimento social, "economicamente justo e ecologicamente sustentável" (BRASIL, RESOLUÇÃO CNE/CEB n. 1/2002).

Essa questão é reforçada ao se proporem mecanismos de "gestão democrática" através do controle social pela "efetiva participação da comunidade do campo" na escola, instrumentalizada pelo projeto político-pedagógico e pela participação da comunidade em conselhos escolares ou equivalentes, conforme o artigo 10 das Diretrizes Operacionais e o artigo 14 da Lei de Diretrizes e Bases da Educação Nacional (BRASIL, MEC/LDB n. 9.394/96, RESOLUÇÃO CNE/CEB n. 1/2002).

O artigo 11 dessas Diretrizes Operacionais reforça a estratégia da gestão democrática, tendo como perspectiva o exercício do poder, conforme disposto no parágrafo 1º do artigo 1º da Constituição Federal de 1988, como uma questão fundamental para possibilitar que a população do campo viva com dignidade. Assim, propõe que uma gestão democrática pode contribuir diretamente:

> I — Para a consolidação da autonomia das escolas e o fortalecimento dos conselhos que propugnam por um projeto de desenvolvimento que torne possível à população do campo viver com dignidade;
> II — Para a abordagem solidária e coletiva dos problemas do campo, estimulando a autogestão no processo de elaboração, desenvolvimento e avaliação das propostas pedagógicas das instituições de ensino (BRASIL, RESOLUÇÃO CNE/CEB, n. 1, 2002).

Nesse sentido, o inciso II do artigo 13 das Diretrizes Operacionais enfatiza que as propostas pedagógicas para a Educação do Campo devem valorizar, entre outras questões, a gestão democrática como uma questão fundamental:

> II — Propostas pedagógicas que valorizem, na organização do ensino, a diversidade cultural e os processos de interação e transformação do campo, "a gestão democrática", o acesso ao avanço científico e tecnológico e respectivas contribuições para a melhoria das condições de vida e a fidelidade aos princípios éticos que norteiam a convivência solidária e colaborativa nas sociedades democráticas (BRASIL, RESOLUÇÃO CNE/CEB, n. 1, 2002).

Abordamos a democratização da educação como uma perspectiva para a construção da Educação do Campo, compreendida como uma "construção participativa de um projeto de educação de qualidade social, transformador e libertador", em que o sistema de ensino e, especialmente, a escola sejam um laboratório para o exercício e a conquista de direitos, "voltado à construção de um projeto social solidário, que possua na prática da justiça e da liberdade, no espírito humano, nas relações fraternas entre homens e mulheres e na reconstituição da relação harmoniosa com a natureza, o centro das suas preocupações" (GENTILI e McCOWAN, 2003, p. 37).

Dessa forma, a democratização da educação deverá ser tratada no sentido amplo, ou seja, considerando todos os espaços e todos os níveis em que se realiza a ação educativa, como os de gestão e da prática pedagógica, de forma articulada: a democratização da gestão, a democratização do acesso e garantia de permanência e a qualidade da educação. Reforçando essa perspectiva, tomamos como base o que coloca Lima (2002, p. 70):

> a democratização da escola envolve e atravessa todos os níveis (macro, meso, micro), da administração central à sala de aula, do organograma

do sistema escolar à organização do trabalho pedagógico, dos processos aos conteúdos, das regras formais às regras não formais e informais.

Neste sentido, Spósito (2005, p. 55) adverte: "enquanto a democracia não chegar ao trabalho da sala de aula, a escola não pode ser considerada democrática. A sala de aula não é só lugar de conteúdo, é também o lugar da disputa pelo saber, é o lugar da construção da subjetividade, é o lugar da educação política".

A gestão democrática poderá possibilitar alterações na prática pedagógica e contribuir para melhorar a qualidade da educação. Entretanto, para isso é necessário existir uma vontade coletiva para transformar a existência pedagógica concreta, e a gestão democrática deve ser um instrumento de transformação das práticas escolares, não a sua reiteração. A proposta pedagógica precisa estar calcada numa concepção democrática do processo educativo, segundo defende Spósito (2005, p. 55):

> Se o modelo pedagógico buscado estiver calcado numa concepção genuinamente democrática do processo educativo, pressuporá ampliar a participação para se tornar factível e real, e será construído a partir de um projeto coletivo que não possa mais ser gestado sem a presença de outros protagonistas: alunos, pais e demais forças sociais.

A gestão democrática poderá ser um caminho real de melhoria da qualidade da Educação do Campo, e a escola pública precisa ofertar um ensino prazeroso, como uma condição necessária para despertar o interesse dos(as) estudantes e que estes(as) sejam seduzidos(as) pelo desejo de aprender, possibilitando-lhes a sua constituição como seres humanos, conforme é explicitado por Paro (2005, p. 61):

> a escola pública tem baixa qualidade, antes de tudo e principalmente, porque não fornece o mínimo necessário para a criança e o adolescente

construírem-se como seres humanos, diferenciados do simples animal. Quando se fala em educação para a formação do cidadão é esse pressuposto que deve estar por trás: o de que, como condição para elevar-se a um nível humano de liberdade, diferenciando-se da mera necessidade natural, o indivíduo precisa atualizar-se historicamente pela apropriação de um mínimo do saber alcançado pela sociedade da qual ele faz parte.

Essa discussão nos remete a Freire (2001, p. 18), que percebe que a democracia não acontece de uma hora para outra, por decreto, por concessão de uma autoridade que se autointitule democrática, ou apenas quando a sociedade deixar de ser capitalista. Ele entende que a democracia, a liberdade, a autonomia, é um "processo". Mas não é um processo de cima para baixo e, sim, uma conquista conjunta, coletiva, que exige respeito, diálogo e poder de decisão de todos(as) que participam desse processo. Um processo que faz parte da própria humanização do ser humano, da sua vocação para "ser mais".

Freire (2002, p. 32), ao refletir sobre a democratização da escola, preocupava-se com as mudanças da cara da escola no sentido de uma "escola competente, democrática, séria e alegre", ou seja, lutava por uma "democracia radical", por uma concepção de organização e de escola que considera os indivíduos sujeitos do ato de se organizarem, em que a participação, a discussão e o diálogo são apontados como verdadeiros "métodos da construção democrática".

A defesa de uma democracia radical significa que a população tem de estar presente na história e não simplesmente estar nela representada, e assim reafirma a natureza dialógica como prática fundamental da natureza humana e da democracia e a importância da decisão como instrumento de um processo democrático.

A construção de uma escola democrática só ocorre a partir de uma "pedagogia da pergunta, indagativa", em que o processo ensino-aprendizagem aconteça com "seriedade, mas sem sisudez e, ao se ensinarem os conteúdos, se ensine também a pensar"; com uma real participação da comunidade de pais e de representantes de movimentos populares na vida inteira das escolas; com a participação dos(as) professores(as) e com a liberdade e autoridade docentes democráticas, apoiadas na competência profissional dos(as) professores(as), e com poder de decisão, pois só decidindo é que se aprende a decidir e só pela decisão é que se alcança a autonomia (FREIRE, 2001).

A tomada de decisões, ao lado do diálogo, é também considerada por Cury (2002, p. 165) como uma condição fundamental da gestão escolar democrática:

> A gestão implica um ou mais interlocutores com os quais se dialoga pela arte de interrogar e pela paciência em buscar respostas que possam auxiliar no governo da educação segundo a justiça. Nessa perspectiva, a gestão implica diálogo como forma superior de encontro das pessoas e solução de conflitos.

Nessa discussão se coloca também Ferreira (2004, p. 1242-3), que adota o diálogo como uma generosa disposição de abrir-se ao "outro", o qual irá "somar" compreensões convergentes ou divergentes, visando à construção da humanização das relações, ou seja, o diálogo como a verdadeira forma de comunicação humana no sentido de construir coletivamente, na escola, na sociedade e em todos os espaços, uma nova ética humana e solidária. Uma nova ética que seja o princípio e o fim da gestão democrática comprometida com a verdadeira formação da cidadania.

A produção científica sobre a democratização da educação tem refletido sobre os instrumentos institucionais para viabilizar essa democratização, tais como conselhos municipais, conselhos escolares, fóruns, eleições de diretores(as), círculo de pais e mestres, projeto político-pedagógico.

Porém, a construção de uma gestão democrática nas escolas do campo requer que se vá além de um simples arranjo institucional normativo, e se busque viabilizar práticas participativas democráticas em que escola e comunidade participem ativamente interferindo nas decisões. É preciso entender que esse processo participativo é permeado de contradições, conflitos e controvérsias.

A participação pode se efetivar a partir de certa autonomia dos atores sociais, conforme é destacado por Lima (2002, p. 45-8), que, ao analisar a participação das pessoas na gestão escolar, afirma que esta ocorre com base em uma "autonomia relativa mesmo quando a autonomia das escolas não se encontra juridicamente consagrada e formalmente reconhecida e regulamentada".

No contexto escolar, as relações dos atores sociais com os instrumentos normativos ocorrem de forma diferenciada. Os atores sociais podem observar as normas que regulam a organização e o funcionamento da escola; podem não se limitar às regras estabelecidas, selecionando-as ou criando as suas próprias regras, ou podem acrescentar sempre algo àquelas estabelecidas, abrindo novas perspectivas, trazendo novos elementos, incorporando sugestões (LIMA, 2002).

Assim, é dessa forma que a gestão democrática das escolas do campo se constrói.

CONSIDERAÇÕES FINAIS

Este livro tratou de questões relativas à Educação do Campo como direito humano das populações do campo, no Brasil. Neste sentido, compreendemos que essa relação ocorre de forma orgânica tendo em vista o contexto de seu surgimento: a luta dos sujeitos sociais do campo por uma educação básica do e no campo como direito social e humano, e como dever do Estado.

Partimos da análise dos contextos socioeconômico, político e cultural como fundamentos para o entendimento da realidade da Educação do Campo, e identificamos um quadro de elevada concentração da propriedade da terra e fortalecimento de unidades de produção cada vez maiores, provocados pelo avanço da exploração capitalista e o processo de modernização da agricultura, no Brasil. No caso da educação, essas desigualdades são demonstradas pelo elevado índice de analfabetismo e um reduzido número de anos de escolaridade da população rural brasileira com 15 anos e mais.

A construção do modelo de desenvolvimento capaz de garantir aos(as) brasileiros(as) condições dignas de vida passa pelo campo. A luta pela terra e na terra tem promovido uma revalorização do campo como lugar de trabalho e espaço de vida.

Seguimos com uma discussão sobre a educação do e no campo como uma conquista dos povos que lá vivem e trabalham.

Na história das populações do campo, podem ser identificadas suas várias formas de organizações, de lutas e de resistência, segundo as suas especificidades.

A Educação do Campo nasce das lutas dos povos do campo. Os movimentos sociais vêm se constituindo como os principais agentes na luta pela terra, a qual aponta para a emergência de outra matriz: discutir, propor e lutar por uma escola em que a educação seja construída com a participação efetiva dos sujeitos do campo. Uma escola que seja "do e no campo", isto é, com vínculos de pertencimento político e cultural.

Essa nova perspectiva de Educação do Campo ressalta a importância de se contemplar as reflexões em relação à sustentabilidade e à diversidade, as quais preconizam as relações entre os seres humanos e a natureza e entre os seres humanos e os demais seres dos ecossistemas. Busca-se a sustentabilidade ambiental, agrária, agrícola, social, econômica, política e cultural, assim como a equidade de gênero, geração, étnico-racial e a diversidade sexual, constituindo-se, assim, em um reconhecimento do direito dos povos do campo a uma educação que vá além da concepção de espaço geográfico, e compreende as necessidades culturais e a formação integral das pessoas.

A escola do campo precisa estar em sintonia com a história de luta dos(as) trabalhadores(as), com a vida dos sem-terra e dos demais povos do campo. A educação básica do campo necessita se pautar em uma dimensão, ao mesmo tempo, política e pedagógica, pensar a aprendizagem para além da escola, valorizar a população que vive e trabalha no campo, e sua capacidade de mobilização e organização social.

Chegamos à finalização deste trabalho com a certeza de que precisamos continuar aprofundando a temática sobre a Educação do Campo como direito humano dos povos do campo e em direitos humanos, no sentido de contribuir com a formação de professores(as) e estudantes da educação básica das escolas do campo.

Socializamos conceitos, informações e perspectivas. Entretanto, o grande desafio que se coloca para todos(as) os(as) professores(as) é desenvolver processos educativos, considerando a dinâmica sociocultural da escola e de seu contexto, em que sejam viabilizadas a construção, desconstrução e reconstrução de conceitos, valores, atitudes, comportamentos, enfim, das aprendizagens e práticas educativas, de forma democrática, no sentido de contribuir para a construção de uma cultura cidadã e a formação dos povos do campo como sujeitos de direitos.

Convidamos cada leitor(a) deste livro: professores(as), estudantes da Educação Básica do Campo, povos do campo e outros a, junto conosco, participar das nossas rodas de diálogos e redes sociais e dar continuidade a essa reflexão, aprofundando o debate com sugestões e propostas que venham contribuir para a construção de uma Educação do Campo como direito humano e em direitos humanos.

ESTAÇÃO DO(A) PROFESSOR(A)

A Estação do(a) Professor(a) tem como objetivo contribuir para ampliar o conhecimento nas áreas da Educação em Direitos Humanos e da Educação do Campo como um Direito Humano. Assim, foi organizada com sugestões de aportes teórico-metodológicos que devem articular com os conteúdos curriculares e as práticas pedagógicas desenvolvidas nos vários processos dos vários educativos. Diante da complexidade de informações dessas áreas, essas sugestões são apenas iniciais, vão se ampliando com novos aportes que os processos de formação dos(as) professores(as) e estudantes vão demandando com vista a uma formação consciente, crítica e cidadã.

Cinedica

Título: **Terra para Rose** Ano: 1987
Gênero: Documentário Duração: 84 minutos
Diretor: Tetê Morais

TEMA: História de uma agricultora sem-terra que com outras 1.500 famílias participou da primeira grande ocupação de uma terra improdutiva.

Título: **As vinhas da ira** Ano: 1940
Gênero: Drama Duração: 128 minutos
Diretor: John Ford

TEMA: Agricultores da região de Oklahoma, durante a depressão dos anos 1930, partem para a Califórnia em busca de uma vida melhor.

Título: **Cabra marcado para morrer** Ano: 1984
Gênero: Documentário Duração: 120 minutos
Diretor: Eduardo Coutinho

TEMA: Trata da história política do líder da liga camponesa de Sapé (PB), João Pedro Teixeira assassinado em 1962. Porém o filme não foi concluído, porque a repressão do período militar interrompeu as filmagens.

Título: **Deus e o diabo na terra do sol**   Ano: 1964
Gênero: Suspense   Duração: 124 minutos
Diretor: Glauber Rocha

TEMA: O filme trás com grande complexidade assuntos como a miséria e o fanatismo religioso, assuntos que permeiam a sociedade nordestina.

Título: **Jeca Tatu**   Ano: 1959
Gênero: Comédia   Duração: 95 minutos
Diretor: Milton Amaral

TEMA: Jeca é um caipira preguiçoso e simplório que tem sua propriedade ameaçada pela ganância de um latifundiário

---

Título: **Quilombo**   Ano: 1984
Gênero: Documentário   Duração: 114 minutos
Diretor: Cacá Diegues

TEMA: Por volta de 1650, um grupo de escravos se rebela num engenho de Pernambuco e ruma ao Quilombo dos Palmares, onde uma nação de ex-escravos fugidos resiste ao cerco colonial.

Título: **Paixão e terra no sertão de Canudos**   Ano: 1993
Gênero: Documentário   Duração: 78 minutos
Diretor: Antonio Olavo

TEMA: Documentário que resgata um dos mais belos, chocantes e desconhecidos episódios da história brasileira. Com depoimentos de pesquisadores e, sobretudo, dos parentes dos combatentes, o filme oferece ao público uma verdadeira aula sobre a luta pela terra e pela liberdade.

Título: **Nas terras do Bem-Virá** Ano: 2007
Gênero: Documentário Duração: 110 minutos
Diretor: Alexandre Rampazzo

TEMA: O percurso histórico de um modelo de desenvolvimento criado nos anos 1970, no auge da ditadura militar. A partir da ênfase em grandes projetos e estradas atravessando a Amazônia, ocorre uma aceleração do processo de migração. Como consequência surgem conflitos armados, devastação da floresta, casos de trabalho escravo, luta pela terra e assassinatos, como o dos sem-terra de Eldorado dos Carajás e da missionária americana Dorothy Stang.

Título: **Vidas secas** Ano: 1963
Gênero: Drama Duração: 103 minutos
Diretor: Nelson Pereira dos Santos

TEMA: Família de retirantes, Fabiano, Sinhá Vitória, o menino mais velho, o menino mais novo e a cachorra Baleia, que, pressionados pela seca, atravessam o sertão em busca de meios de sobrevivência.

Título: **Terra vermelha** Ano: 2008
Gênero: Drama Duração: 108 minutos
Diretor: Marco Bechis

TEMA: Um grupo de índios Guarani-Kaiowá vive em uma fazenda trabalhando em condições de escravidão e ganham alguns trocados para posarem de atração turística. Eles decidem reivindicar a devolução das terras de seus ancestrais e começa um grande conflito com os fazendeiros.

Título: **A sombra de um delírio verde** Ano: 2011
Gênero: Documentário Duração: 29 minutos
Diretor: An Baccaert, Cristiano Navarro e Nicolas Muñoz

TEMA: Mostra a triste situação do povo indígena com a maior população no Brasil que trava, quase silenciosamente, uma luta desigual pela reconquista de seu território contra as transnacionais do agronegócio.

Webdica

1) PÁGINAS NA WEB

‹http://www.mst.or.br› (*Sem Terra* — periódico)
‹http://www.mec.gov.br› (Ministério da Educação)
‹http://wwwfct.unesp.br/nera (Dataluta — Banco de Dados da Luta pela Terra)
‹http://www.nead.gov.br› (Núcleo de Estudos Agrários e Desenvolvimento Rural)
‹http://www.incra.gov.br› (Instituto Nacional de Colonização e Reforma Agrária)
‹http://www.mda.gov.br› (Ministério do Desenvolvimento Agrário)
‹http://www.contag.org.br› (Confederação Nacional dos Trabalhadores na Agricultura)
‹http://www.reformaagraria.net› (Associação Brasileira de Reforma Agrária)
‹http://www.cptnacional.org.br› (Comissão Pastoral da Terra)
‹http://www.sedh.gov.br› (Secretaria de Direitos Humanos)
‹http://www.camara.gov.br/cdh› (Comissão de Direitos Humanos da Câmara Federal)
‹http://www.andhep.org.br› (Associação Nacional de Direitos Humanos, Pesquisa e Pós-graduação)
‹http://educacaodocampo-bibliotecavirtual.blogspot.com.br› (Biblioteca virtual de Educação do Campo)
‹http://tvescola.mec.br› (Ministério da Educação)
‹http://www.iidh.ed.cr› (Instituto Interamericano de Direitos Humanos)

<http://www.redhbrasil.net> (Rede de Educação em Direitos Humanos)
http://www.dhnet.org.br (DHNet — Enciclopédia Digital em Direitos Humanos)
<http://www.dhescbrasil.org.br> (Plataforma DhESC Brasil)
<http://www.mndh.org.br/> (Movimento Nacional de Direitos Humanos)
<http://www.social.org.br> (Rede Social de Justiça e Direitos Humanos)
<http://www.nevusp.org> (Núcleo de Estudos da Violência/USP)

2) VÍDEOS NA INTERNET

Vista minha pele

Vídeo que discute o racismo e o preconceito existente no país.

Duração: 26min46

Disponível em: <http://www.youtube.com/watch?v=LWBodKwuHCM&feature=related>.

A construção da igualdade (Partes 1 e 2)

Vídeo que traz depoimentos de acadêmicos, escritores(as) e artistas sobre a questão da desigualdade racial.

Duração: 9min54 e 10min 01

Disponível em: http://www.youtube.com/watch?v=yBcajWhOis8.
<http://www.youtube.com/watch?v=F5XaRwBjj48&feature=relmfu>.

Músicas

- *Terra* — Caetano Veloso
- *Um índio* — Caetano Veloso
- *Brasil* — Cazuza
- *Haiti* — Caetano Veloso
- *Racismo é burrice* — Gabriel O Pensador
- *Ideologia* — Cazuza
- *Que país é esse?* — Legião Urbana
- *Podres poderes* — Caetano Veloso
- *Disparada* — Geraldo Vandré
- *Pra não dizer que não falei das flores* — Geraldo Vandré

Vídeos

Educação e cultura de direitos humanos

Vídeo produzido pela Andhep que apresenta a relação entre a educação e os direitos humanos para uma mudança cultural efetiva.

Duração: 17 minutos.

Discriminação, minorias e racismo

Vídeo produzido pela Andhep que discute as questões relacionadas à discriminação e ao racismo.

Duração: 17 minutos.

REFERÊNCIAS

ACSELRAD, Henri; LEROY, Jean-Pierre P. Novas premissas da sustentabilidade democrática. *Caderno de Debate*, Rio de Janeiro, Projeto Brasil Sustentável e Democrático, Fase, n. 1, 1999.

ADAMS, Cristina. As populações caiçaras e o mito do bom selvagem: a necessidade de uma nova abordagem interdisciplinar. *Revista de Antropologia*, São Paulo, v. 43, n. 1, 2000.

ALENTEJANO, Paulo. Trabalho no campo. In: CALDART, Roseli et al. (Org.). *Dicionário da educação do campo*. Rio de Janeiro/São Paulo: Escola Politécnica de Saúde Joaquim Venâncio/Expressão Popular, 2012. p. 755-9.

ALIANÇA DOS POVOS DA FLORESTA. In: ENCONTRO NACIONAL DOS POVOS DA FLORESTA, 2., *Release*. Brasília, 2007. Disponível em: ‹www.redecerrado.blogspot.com›. Acesso em: 10 jul. 2012.

ALMEIDA, Mauro William B. Quem são os povos da floresta? In: REUNIÃO SBPC, 59., *Cadernos SBPC*, Belém do Pará, 2007. p. 48-51.

_____. Direito à floresta e ambientalismo: os seringueiros e suas lutas. *Revista Brasileira de Ciências Sociais*. Associação Nacional de Pós-Graduação e Pesquisa em Ciências Sociais, São Paulo, v. 19, n. 55, p. 33-52, 2004.

ALMEIDA, S. G.; PETERSEN, P.; CORDEIRO, A. *Crise socioambiental e conversão ecológica da agricultura brasileira*. Rio de Janeiro: AS-PTA, 2001. 122 p.

ALTIERI, Miguel. *Agroecologia*: bases científicas para uma agricultura sustentável. 3. ed. rev. ampl. São Paulo/Rio de Janeiro: Expressão Popular/AS-PTA, 2012.

ARROYO, Miguel. Educação do Campo: movimentos sociais e formação docente. In: SOARES, Leôncio et al. *Convergências e tensões no campo da formação e do trabalho docente*. Belo Horizonte: Autêntica, 2010. p. 478-88.

_____. Políticas de formação de educadores(as) do campo. *Caderno Cedes*, Campinas, v. 27, n. 72, p. 157-76, maio/ago. 2007. Disponível em: ‹http://www.cedes.unicamp.br›. Acesso em: 15 maio 2012.

_____. A educação básica e o movimento social do campo. In: _____; CALDART, Roseli; MOLINA, Mônica (Org.). *Por uma educação do campo*. Petrópolis: Vozes, 2004.

_____. *Pedagogias em movimento*: o que temos a aprender dos movimentos sociais? 2003. Disponível em: http://www.curriculosemfronteiras.org›. Acesso em: 25 abr. 2012.

_____. *A escola e o movimento social*: relativizando a escola. *Ande*, São Paulo, n. 12, 1987.

AZEVEDO DE JESUS, S. M. dos S. As múltiplas intelegibilidades dos conhecimentos, práticas sociais e estratégias de inclusão e participação dos movimentos sociais e sindicais do campo. In: MOLINA, M. *Educação do campo e pesquisa*. Brasília: Ministério de Desenvolvimento Agrário, 2006. (Questões para reflexão.)

BARRETO, Elba Sá. Política educacional e educação das populações rurais. In: MADEIRA, Felícia R.; MELLO, Guiomar N. de (Org.). *Educação na América Latina*: os modelos teóricos e a realidade social. São Paulo: Cortez, 1985.

BELTRÃO, Jane. Seringueiro. In: MOTTA, Márcia (Org.). *Dicionário da terra*. 2. ed. Rio de Janeiro: Civilização Brasileira, 2010.

BLOEMER, Neusa M. *Brava gente brasileira*: migrantes italianos e caboclos nos Campos de Lages. Florianópolis: Cidade Futura, 2000.

BOTO, Carlota. A educação escolar como direito humano de três gerações: identidades e universalismos. *Educ. Soc.*, Campinas, v. 26, n. 92, p. 777-98, especial, out. 2005.

BRANDÃO, M. de L. P. *Os saberes agrário-agrícolas no projeto formativo da Escola rural*: o currículo como uma política cultural. Tese (Doutorado) — Faculdade de Educação, Universidade Federal do Ceará, Fortaleza, 1997.

BRASIL. *Constituição da República Federativa do Brasil*. Brasília: Senado Federal, 1988.

_____. Ministério da Educação. Conselho Nacional de Educação. Parecer CNE/CEB n. 36/2001. *Diretrizes operacionais para a educação básica nas escolas do campo*. Brasília: MEC/CNE, 2001.

_____. IBGE/PNAD. Pesquisa Nacional por Amostra de Domicílios. IBGE: Rio de Janeiro, 2006. Disponível em: ‹www.ibge.gov.br›. Acesso em:

_____. Resolução CNE/CEB n. 1/2002. *Diretrizes operacionais para a educação básica nas escolas do campo*. Brasília: MEC/CNE, 2002.

_____. Resolução CNE/CEB n. 2/2008. *Diretrizes complementares, normas e princípios para o desenvolvimento de políticas públicas de atendimento da educação básica do campo*. Brasília: MEC/CNE, 2008.

_____. Resolução CNE/CEB, n. 4/2010. *Define Diretrizes Curriculares Nacionais Gerais para a Educação Básica*. Brasília: MEC/CNE, 2010.

_____. Resolução CNE/CEB, n. 7/2010. *Fixa diretrizes curriculares nacionais para o ensino fundamental de 9 (nove) anos*. Brasília: MEC/CNE, 2010.

_____. Parecer CNE/CEB, n. 5/2011. *Diretrizes curriculares nacionais para o ensino médio*. Brasília: MEC/CNE, 2011.

_____. *Programa Nacional de Direitos Humanos 3*. SDH/PR. Brasília, 2010.

_____. *Plano Nacional de Educação*: 2011-2020 (Projeto de Lei n. 8.035/2010). Brasília, 2010. 19 p.

_____. MEC. Grupo Permanente de Trabalho de Educação do Campo. Referências para uma política nacional de educação do campo. *Caderno de Subsídios*. Elaboração GPT Educação do Campo. Brasília: MEC, 2003.

_____. IBGE/PNAD. Decreto n. 7.352 /2010. Dispõe sobre a política de educação do campo e o Programa Nacional de Educação na Reforma Agrária (Pronera). Brasília, 2010.

_____. Decreto n. 6.040/2007. Institui a Política Nacional de Desenvolvimento Sustentável dos Povos e Comunidades Tradicionais. Brasília, 2007.

_____. Decreto n. 1.946/1996. Cria o Programa Nacional de Fortalecimento da Agricultura Familiar (Pronaf), e dá outras providências. Brasília, 1996.

BRASIL. Decreto n. 4.887/2003. Regulamenta o procedimento para identificação, reconhecimento, delimitação, demarcação e titulação das terras ocupadas por remanescentes das comunidades dos quilombos. Brasília, 2003.

_____. Decreto n. 73.626/1974. Aprova Regulamento da Lei n. 5.889, de 8 de junho de 1973. Brasília, 1974.

_____. Decreto n. 5.051/2004. Promulga a Convenção n. 169 da Organização Internacional do Trabalho (OIT) sobre Povos Indígenas e Tribais. Brasília, 2004.

_____. Decreto Legislativo n. 143/2002. Aprova o texto da Convenção n. 169 da Organização Internacional do Trabalho sobre os povos indígenas e tribais em países independentes. Brasília, 2002.

_____. Lei n. 10.172/2001. Aprova o Plano Nacional de Educação e dá outras providências. Brasília, 2001.

_____. Lei n. 4.024/1961. Fixa as Diretrizes e Bases da Educação Nacional. Brasília, 1961.

_____. Lei n. 5.692/1971. Fixa diretrizes e bases para o ensino de 1º e 2º graus e dá outras providências. Brasília, 1971.

_____. Lei n. 9.394/1996. Estabelece as Diretrizes e Bases da Educação Nacional. Brasília, 1996.

_____. Lei n. 9.424/1996. Dispõe sobre o Fundo de Manutenção e Desenvolvimento do Ensino Fundamental e Valorização do Magistério. Brasília, 1996.

_____. Lei n. 11.494/2007. Regulamenta o Fundo de Manutenção e Desenvolvimento da Educação Básica e de Valorização dos Profissionais da Educação (Fundeb). Brasília, 2007.

BRASIL/IBGE/PNAD. Lei n. 11.326/2006. Estabelece as diretrizes para a formulação da Política Nacional da Agricultura Familiar e Empreendimentos Familiares Rurais. Brasília, 2006.

_____. Lei n. 11.947/2009. Dispõe sobre o atendimento da alimentação escolar e do Programa Dinheiro Direto na Escola aos alunos da educação básica. Brasília, 2009.

_____. Lei n. 12.188/2010. Institui a Política Nacional de Assistência Técnica e Extensão Rural para a Agricultura Familiar e Reforma Agrária (PNATER) e o Programa Nacional de Assistência Técnica e Extensão Rural na Agricultura Familiar e na Reforma Agrária (Pronater). Brasília, 2010.

BRASIL. Lei n. 8.629/1993. Dispõe sobre a regulamentação dos dispositivos constitucionais relativos à reforma agrária. Brasília, 1993.

_____. Lei n. 6.746/1979. Altera o disposto nos arts. 49 e 50 da Lei n. 4.504, de 30 de novembro de 1964 (Estatuto da Terra), e dá outras providências. Brasília, 1979.

_____. Lei n. 12.512/2011. Institui o programa de apoio à conservação ambiental e o programa de fomento às atividades produtivas rurais. Brasília, 2011.

_____. Lei n. 4.214/1963. Dispõe sobre o estatuto do trabalhador rural. Brasília, 1963.

_____. Lei n. 5.889/1973. Estatui normas reguladoras do trabalho rural. Brasília, 1973.

_____. Medida Provisória n. 2.183-56/2001. Acresce e altera dispositivos do Decreto-lei n. 3.365, de 21 de junho de 1941, das Leis ns. 4.504, de 30 de novembro de 1964, 8.177, de 1º de março de 1991, e 8.629, de 25 de fevereiro de 1993, e dá outras providências. Brasília, 2001.

_____. MEC/Inep. *Censo Escolar 2001 e 2006*. Brasília: Inep, 2001 e 2006.

_____. IBGE. *Censo Agropecuário*. Brasília, 2006.

_____. IBGE. *Censo demográfico*. Brasília, 2000.

_____. IBGE. *Censo demográfico*. Brasília, 2010.

_____. MDA/Incra. Sistema Nacional de Cadastro Rural. Brasília, 1998.

_____. MDA/Incra. Sistema Nacional de Cadastro Rural. Brasília, 2009.

_____. IBGE/PNAD. MDA/Incra. Instrução Normativa Incra n. 15. Brasília, 2004.

_____. Programa Brasil Quilombola. Brasília, 2004.

_____. MEC. Conferência Nacional de Educação (Conae). *Construindo o Sistema Nacional Articulado de Educação*: o Plano Nacional de Educação, diretrizes e estratégias de ação; Documento Final. Brasília: MEC, 2010.

_____. MEC/Conae. Carta de criação do Fórum Nacional de Educação do Campo (Fonec). Brasília, 2010.

_____. MDA. *Cartilha de acesso ao Pronaf*. Saiba como obter crédito para a agricultura familiar 2011-2012. Brasília, 2011.

BRASIL. MDA/Incra. Instrução Normativa n. 15, de 30/3/2004. Dispõe sobre o processo de implantação e desenvolvimento de projetos de assentamento de reforma agrária. Brasília, 2004.

_____. MEC. Fundação Cultural Palmares. Disponível em: ‹www.palmares.gov.br›. Acesso em: 20 ago. 2012.

_____. Parecer CNE/CP n. 8/2012. Diretrizes Nacionais para a Educação em Direitos Humanos. MEC/CNE. Brasília, 2012.

BRIANEZI, T. O Amazonas na arena internacional da mitigação da mudança climática: mecanismos de mercado em pauta. In: ENANPPAS, 5., Florianópolis, 2010.

BRÜSEKE, Franz Josef. O problema do desenvolvimento sustentável. In: CAVALCANTI, Clóvis (Org.). *Desenvolvimento e natureza*: estudo para uma sociedade sustentável. 2. ed. São Paulo/Recife: Cortez/Fundação Joaquim Nabuco, 1998. p. 29-40.

_____. Desestruturação e desenvolvimento. In: FERREIRA, L. da C.; VIOLA, E. (Org.). *Incertezas de sustentabilidade na globalização*. Campinas: Ed. da Unicamp, 1996.

CALAZANS, Maria Julieta C. Para compreender a educação do Estado no meio rural (traços de uma trajetória). In: THERRIEN, Jacques; DAMASCENO, Maria Nobre. *Educação e escola no campo*. Campinas: Papirus, 1993.

CALDART, R. *Pedagogia do movimento sem terra*. Petrópolis: Vozes, 2000.

_____. A escola do campo em movimento. In: _____; ARROYO, M.; MOLINA, M. (Org.). Petrópolis: Vozes, 2004.

CALDART, Roseli Salete. Educação do Campo. In: _____ et al. (Org.). *Dicionário da educação do campo*. Rio de Janeiro/São Paulo: Escola Politécnica de Saúde Joaquim Venâncio/Expressão Popular, 2012. p. 257-65.

_____. Sobre educação do campo. In: SANTOS, Clarice Aparecida dos (Org.). *Campo*: políticas públicas — educação. Brasília: Incra/MDA, 2008. p. 67-86. (Col. Por uma Educação do Campo, n. 7.)

_____. Por uma educação do campo: traços de uma identidade em construção. In: _____; ARROYO M.; MOLINA, M. (Org.). *Por uma educação do campo*. Petrópolis: Vozes, 2004. p. 147-58.

CALDART, Roseli Salete; CERIOLI, Paulo R.; FERNANDES, Bernardo M. Primeira Conferência Nacional "Por Uma Educação do Campo": texto preparatório. In: _____; ARROYO, Miguel G.; MOLINA, Mônica C. (Org.). *Por uma educação do campo*. Petrópolis: Vozes, 2004. p. 19-62.

CANÁRIO, Rui. A escola no mundo rural: contributos para a construção de um objecto de estudo. *Educação, Sociedade & Culturas*, Lisboa, n. 14, p. 121-139, 2000.

CANDAU, Vera; SACAVINO, Susana. Educação em direitos humanos: concepções e metodologias. In: FERREIRA, Lúcia de Fátima Guerra et al. (Org.). *Direitos humanos na educação superior*: subsídios para a educação superior em direitos humanos na pedagogia. João Pessoa: Editora Universitária da UFPB, 2010.

CARVALHO, H. M. *O campesinato no século XXI*: possibilidades e condicionantes do desenvolvimento do campesinato no Brasil. Petrópolis: Vozes, 2005.

CARVALHO, Horácio; COSTA, Francisco de Assis. Campesinato. In: CALDART, Roseli et al. (Org.). *Dicionário da educação do campo*. Rio de Janeiro/São Paulo: Escola Politécnica de Saúde Joaquim Venâncio/Expressão Popular, 2012. p. 113-120.

CASCUDO, Luís da Câmara. *Dicionário do folclore brasileiro*. Brasília: Instituto Nacional do Livro/Ministério da Educação e Cultura, 1972.

CLAUZET, M. A.; RAMIRES, M. B.; BARBELLA, W. Pesca artesanal e conhecimento local de duas populações caiçaras (Enseada do Mar Virado e Barra do Una) no litoral de São Paulo. *Multiciência*, Campinas, Ed. da Unicamp, 2005.

CONFERÊNCIA NACIONAL DE EDUCAÇÃO (Conae). *Construindo o sistema nacional articulado de educação*: o Plano Nacional de Educação, diretrizes e estratégias de ação. Documento final. Brasília: MEC, 2010.

CONFERÊNCIA NACIONAL POR UMA EDUCAÇÃO DO CAMPO, 2. Declaração Final. *Por uma política pública de educação do campo*. Luziânia-GO, 2004. (Digitado.)

CORAGGIO, J. L. *Desenvolvimento humano e educação*: o papel das ONGs latino-americanas na iniciativa da educação para todos. São Paulo: Cortez/Instituto Paulo Freire, 1996.

CONTAG. In: CONGRESSO DE TRABALHADORES E TRABALHADORAS RURAIS, 10., Documento Base. Brasília, 2009.

CUNHA, L. H. O.; ROUGEULLE, M. D. *Comunidades litorâneas e unidades de proteção ambiental*: convivência e conflitos; o caso de Guaraqueçaba-PR. São Paulo: PPCAUB/USP, 1989. (Estudo de caso n. 2.)

CURY, Jamil. A Educação Básica no Brasil. *Educação & Sociedade*, Campinas, Cedes, n. 80, p. 169-201, 2002.

DAMASCENO, M. N. Luta social e escola no campo. *Cadernos da Pós-Graduação em Educação*, Fortaleza, v. 1, n. 1, 1995.

_____. A escola em assentamentos: um retrato em branco e preto. *Revista de Educação Pública*, Cuiabá, v. 7, n. 11, 1998.

DAMASCENO, Maria Malta et al. Estudos sobre educação rural no Brasil: estado da arte e perspectivas. *Educação e Pesquisa*. São Paulo, v. 30, n. 1, p. 73-89, jan./abr. 2004.

DATALUTA. Banco de dados da luta pela terra. Presidente Prudente: Núcleo de Estudos, Pesquisa e Projetos de Reforma Agrária (Nera) Unesp, 2007.

DELGADO, A. P. T. *O direito ao desenvolvimento na perspectiva da globalização*: paradoxos e desafios. Rio de Janeiro: Renovar, 2001.

DIEESE/NEAD/MDA. *Estatísticas do meio rural 2010-2011*. 4. ed. Departamento Intersindical de Estatística e Estudos Socioeconômicos. Núcleo de Estudos Agrários e Desenvolvimento Rural; Ministério do Desenvolvimento Agrário. São Paulo: Dieese/Nead/MDA, 2011. 292 p.

DIEGUES, Antonio Carlos. *Pescadores, camponeses e trabalhadores do mar*. São Paulo: Ática, 1983.

DIEGUES, A. C. S. *Diversidade biológica e culturas tradicionais litorâneas*: o caso das comunidades caiçaras. São Paulo: Nupaub/USP, 1988. (Série Documentos e Relatórios de Pesquisa, n. 5.)

DIEGUES, A. C. S et al. "Populações tradicionais" e biodiversidade na Amazônia: levantamento bibliográfico georreferenciado. In: CAPOBIANCO, João Paulo Ribeiro et al. *Biodiversidade na Amazônia brasileira*: avaliação e ações prioritárias para a conservação, uso sustentável e repartição de benefícios. São Paulo: Estação Liberdade/Instituto Socioambiental, 2001.

FERNANDES, Bernardo M. Acampamento. In: CALDART, Roseli et al. (Org.). *Dicionário da educação do campo*. Rio de Janeiro/São Paulo: Escola Politécnica de Saúde Joaquim Venâncio/Expressão Popular, 2012. p. 21-25.

FERNANDES, Bernardo M. Educação do campo e desenvolvimento territorial rural. *Revista Nera*, Presidente Prudente, ano 14, n. 18, p. 125-35, jan./jun. 2011.

_____. Questão agrária: conflitualidade e desenvolvimento territorial, 2004. Disponível em: ‹http://www4.fct.unesp.br/nera/arti.php›. Acesso em: 20 maio 2009.

_____. Educação do campo e território camponês no Brasil. In: SANTOS, C. (Org.). *Educação do campo*: campo-políticas públicas-educação. Brasília: Incra/MDA, 2008. p. 39-66.

_____. Os campos da pesquisa em educação do campo; espaço e território como categorias essenciais. In: MOLINA, M. (Org.). *Educação do campo e pesquisa*: Brasília: Ministério do Desenvolvimento Agrário, 2006. p. 27-39. (Questões para reflexão.)

_____. Questão agrária: conflitualidade e desenvolvimento territorial. In: BUAINAIN, Antônio Márcio (Org.). *Luta pela terra, reforma agrária e gestão de conflitos no Brasil*. Campinas: Ed. da Unicamp, 2005.

_____. *Questão agrária, pesquisa e MST*. São Paulo: Cortez, 2001.

_____ Geografia da conflitualidade no campo brasileiro. In: _____; BRUMER, Anita; MEDEIROS, Leonilde Servolo; PAULILO, Maria Ignez (Org.). *Lutas camponesas contemporâneas*: condições, dilemas e conquistas. São Paulo/Brasília: Ed. da Unesp/Núcleo de Estudos Agrários e Desenvolvimento Rural, 2009. v. 2.

_____; MOLINA, Mônica C. O campo da educação do campo. Disponível em: ‹www2.fct.unesp.br/nera/publicacoes/ArtigoMonicaBernardoEC5.pdf›. Acesso em: abr. 2012.

FORQUIN, Jean-Claude. *Escola e cultura*: as bases sociais e epistemológicas do conhecimento escolar. Tradução de Guacira Lopes Louro. Porto Alegre: Artes Médicas, 1993.

FERES, João Bosco. *Propriedade da terra. Opressão e miséria*: o meio rural na história social do Brasil. Amsterdam: Cedla, 1990.

FERREIRA, Naura, S. Repensando e ressignificando a gestão democrática da educação na cultura globalizada. *Educação & Sociedade*, Campinas, v. 25, n. 89, p. 1227-49, set./dez. 2004.

FERREIRA, Simone Raquel B. Quilombolas. In: CALDART, Roseli et al. (Org.). *Dicionário da educação do campo*. Rio de Janeiro/São Paulo: Escola Politécnica de Saúde Joaquim Venâncio/Expressão Popular, 2012. p. 645-50.

FRAXE, Therezinha de Jesus P.; PEREIRA, Henrique dos Santos; WITKOSKI, Antônio Carlos. *Comunidades ribeirinhas amazônicas*: modos de vida e uso dos recursos naturais. Manaus: Edua, 2007.

FREIRE, Paulo. *Pedagogia do oprimido*. 17. ed. Rio de Janeiro: Paz e Terra, 1987.

_____. *Pedagogia da autonomia*: saberes necessários à prática educativa. 7. ed. São Paulo: Paz e Terra, 1998.

_____. *Pedagogia da esperança*: um reencontro com a pedagogia do oprimido. Rio de Janeiro: Paz e Terra, 1992.

_____. *Política e educação*. São Paulo: Cortez, 2001. (Col. Questões da nossa época; v. 23.)

_____. *Extensão ou comunicação?* 12. ed. Rio de Janeiro: Paz e Terra, 2002.

FURTADO, E. D. P. A intervenção participativa dos atores: uma metodologia construída no contexto dos assentamentos rurais do Ceará. *Educação em Debate*, Fortaleza, n. 36, 1998.

GENTILI, Pablo; McCOWAN, Tristan (Org.). *Reinventar a escola pública*: política educacional para um novo Brasil. Petrópolis: Vozes, 2003.

GIRARDI, Eduardo Paulon. *Proposição teórico-metodológica de uma cartografia geográfica crítica e sua aplicação no desenvolvimento do atlas da questão agrária brasileira*. Tese (Doutorado em Geografia) — Faculdade de Ciências e Tecnologia, Universidade Estadual Paulista, Presidente Prudente, 2008. Disponível em: ‹www.fct.unesp.br/nera/atlas›. Acesso em:

_____; FERNANDES, Bernardo Mançano. *Territoires de la question agraire brésilienne*: agribusiness, paysannat et amazonie. Montpellier: Mappemonde, 2006.

GIRARDI, Eduardo P.; FERNANDES, Bernardo M. A luta pela terra e a política de assentamentos rurais no Brasil: a reforma agrária conservadora. *Agrária*, São Paulo, n. 8, p. 73-98, 2008. Disponível em: ‹www.geografia.fflch.usp.br/revistaagraria/revistas/.../Texto5_girardi. Acesso em: 21 ago. 2012.

GLIESSMAN, Stephen Richard. *Agroecologia*: processos ecológicos em agricultura sustentável. Porto Alegre: Ed. da UFRGS, 2000.

GÓMES, Pérez, A. I. A aprendizagem escolar: da didática operatória à reconstrução da cultura na sala de aula. In: SACRISTÁN, Gimeno. *Compreender e transformar o ensino*. 4. ed. Tradução de Ernani F. da Fonseca Rosa. Porto Alegre: Artmed, 1998. cap. 3, p. 53-65.

GOODMAN, D. E.; SORJ, B.; WILKINSON, J. Agroindústria, políticas públicas e estruturas sociais rurais: análises recentes sobre a agricultura brasileira. *Revista de Economia Política*, v. 5, n. 4, out./dez. 1985.

GUHUR, Dominique Michèle P.; TONÁ, Nolciney. Agroecologia. In: CALDART, Roseli et al. (Org.). *Dicionário da educação do campo*. Rio de Janeiro/São Paulo: Escola Politécnica de Saúde Joaquim Venâncio/Expressão Popular, 2012. p. 57-65.

INCRA/DIEESE. *O Brasil desconcentrando terras*. Núcleo de Estudos Agrários e Desenvolvimento Rural. Ministério do Desenvolvimento Agrário. São Paulo: Dieese/Nead/MDA, 2011.

INSTITUTO DE PESQUISA AMBIENTAL DA AMAZÔNIA (Ipam) *Glossário*. Disponível em: ‹www.ipam.org.brsaiba-mais/glossariotermo/povos_da_floresta›. Acesso em: 23 ago. 2012.

KOLLING, Edgard Jorge; NERY, Israel; MOLINA. Mônica C. (Org.). *Por uma educação básica do campo*. Brasília, 1999. v. 1.

LAROUSSE CULTURAL. São Paulo: Nova Cultural, 1998.

LAYRARGUES, Philippe. P. Do ecodesenvolvimento ao desenvolvimento sustentável: evolução de um conceito? *Proposta*, Rio de Janeiro, n. 71, fev. 1997.

LEFF, Enrique. *Epistemología ambiental*. 2. ed. Tradução de Sandra Valenzuela; revisão técnica de Paulo Freire Vieira. São Paulo: Cortez, 2002.

LEITE, Sergio, P. Assentamento rural. In: CALDART, Roseli et al. (Org.). *Dicionário da educação do campo*. Rio de Janeiro/São Paulo: Escola Politécnica de Saúde Joaquim Venâncio/Expressão Popular, 2012. p. 108-112.

_____. Assentamento rural. In: MOTTA, Márcia (Org.). *Dicionário da terra*. 2. ed. Rio de Janeiro: Civilização Brasileira, 2010. p. 43-5.

_____. Estado, padrão de desenvolvimento e agricultura: o caso brasileiro. *Estudos e Agricultura*, Rio de Janeiro, v. 13, n. 2, p. 280-332, 2005.

_____ et al. *Impactos dos assentamentos*: um estudo sobre o meio rural brasileiro. Brasília/SãoPaulo: IICA-Nead/Ed. da Unesp, 2004.

LEITE, Sergio, P; DELGADO, Nelson Giordano. Políticas de desenvolvimento territorial no meio rural brasileiro: novas institucionalidades e protagonismo dos atores. *Dados*, revista de Ciências Sociais, Rio de Janeiro, v. 54, n. 2, 2011, p. 431-73.

LEITE, Sérgio Celoni. *Escola rural*: urbanização e políticas públicas. São Paulo: Cortez, 1999. (Col. Questões da nossa época; v. 70.)

LIMA, Eli N. Extrativismo. In: CALDART, Roseli et al. (Org.). *Dicionário da educação do campo*. Rio de Janeiro/São Paulo: Escola Politécnica de Saúde Joaquim Venâncio/Expressão Popular, 2012. p. 217-220.

LIMA, Licínio. *Organização escolar e democracia radical*: Paulo Freire e a governança democrática da escola pública. São Paulo: Cortez, 2002.

MAIA, Eny Marisa. Educação rural no Brasil: o que mudou em 60 anos. *Em Aberto*, Brasília, Inep, v. 1, n. 9, p. 27-33, 1982.

MALDONADO, S. C. *Pescadores do mar*. São Paulo: Ática, 1986. (Série Princípios.)

_____. *Em dois meios, em dois mundos*: a experiência pesqueira marítima. Tese (Doutorado) — Universidade de Brasília, Brasília, 1991.

_____. *Mestres e mares*: espaço e indivisão na pesca marítima. 2. ed. São Paulo: Annablume, 1994.

MANDELA, Nelson Rolihlahla. *Discurso de posse na presidência da África do Sul, 1994*. Disponível em: ‹http://pnesdor.uol.com.br›. Acesso em:

MARTINS, José de S. *Caminhada no chão da noite*: emancipação política e libertação nos movimentos sociais. São Paulo: Hucitec, 1989.

_____. *Não há terra para plantar neste verão* (o cerco das terras indígenas no renascimento político do campo). Petrópolis: Vozes, 1986.

_____. *A militarização da questão agrária no Brasil*. Petrópolis: Vozes, 1984. (Terra e poder: o problema da terra na crise política.)

MARTINS, José de S. *Os camponeses e a política no Brasil*: as lutas sociais no campo e seu lugar no processo político. 5. ed. Rio de Janeiro: Vozes, 1995.

MARTINS, Paulo Sodero. Dinâmica evolutiva em roças de caboclos amazônicos. In: VIEIRA, Célia Guimarães et al. (Org.). *Diversidade biológica da Amazônia*. Belém: Museu Paraense Emílio Goeldi, 2001. p. 369-84.

MEDEIROS, Leonilde Servolo; LEITE, Sergio (Org.). *A formação dos assentamentos rurais no Brasil*: processos sociais e políticas públicas. 2. ed. Porto Alegre: Ed. da UFRGS, 2009.

MENDONÇA, Maria Silvia et al. Etnobotânica e o saber tradicional. In: FRAXE, Therezinha de Jesus P.; PEREIRA, Henrique dos S.; WITKOSKI, Antônio Carlos (Org.). *Comunidades ribeirinhas amazônicas*: modos de vida e uso dos recursos naturais. Manaus: Edua/Ufam, 2007. p. 91-105.

MONDARDO, Marcos Leandro. Os caboclos no sudoeste do Paraná: de uma "Sociedade Autárquica" a um grupo social excluído. *Revista Eletrônica História em Reflexão*, Dourados, UFGD, v. 2, n. 3, jan./jun. 2008.

MOLINA, M. *Educação do campo e pesquisa*. Brasília: Ministério de Desenvolvimento Agrário, 2006. (Questões para reflexão.)

_____ (Org.). *Educação do campo e pesquisa*. Brasília: Ministério do Desenvolvimento Agrário, 2006. (Questões para reflexão.)

_____ (Org). *Educação do campo e pesquisa II* Brasília: MDA/MEC, 2010. (Questões para reflexão.)

_____; AZEVEDO DE JESUS (Org.). *Contribuições para a construção de um projeto de educação do campo*. Brasília: Articulação nacional por uma educação do campo, 2004. (Col. Por uma educação do campo; n. 5.)

_____; SA, Lais M. Escola do campo. In: CALDART, Roseli et al. (Org.). *Dicionário da educação do campo*. Rio de Janeiro/São Paulo: Escola Politécnica de Saúde Joaquim Venâncio/Expressão Popular, 2012. p. 324-30.

MUNARIM, Antônio. Movimento nacional de educação do campo: uma trajetória em construção. In: REUNIÃO ANUAL. GT-03: Movimentos sociais e educação, *Anped*, 2008.

_____. Elementos para uma política pública de uma educação do campo. In: MOLINA, Mônica C. (Org.). *Educação do campo e pesquisa*. Brasília: Ministério do Desenvolvimento Agrário, 2006. p. 15-26. (Questões para reflexão.)

MUSSOLINI, G. *Ensaios de antropologia indígena e caiçara*. Rio de Janeiro: Paz e Terra, 1980.

NAÇÕES UNIDAS. Assembleia Geral, 3. Nova York. Declaração Universal dos Direitos Humanos, 1948.

NASCIMENTO, Elimar Pinheiro. Trajetória da sustentabilidade: do ambiental ao social, do social ao econômico. *Estudos Avançados*, v. 26, n. 74, 2012.

NEVES, Josélia G. Ribeirinhos, desenvolvimento e a sustentabilidade possível. Revista *P@rtes*. Disponível em: ‹http://www.partes.com.br/socioambiental/rebeirinhos.asp›. Acesso em: 18 jun. 2012.

PARO, Vitor H. Administração escolar e qualidade do ensino: o que os pais ou responsáveis têm a ver com isso? In: BASTOS, João B. (Org.). *Gestão democrática*. Rio de Janeiro: DP&A/Sepe, 2005. p. 57-72.

PEREIRA, Mônica C. de B. Revolução Verde. In: CALDART, Roseli et al. (Org.). *Dicionário da educação do campo*. Rio de Janeiro/São Paulo: Escola Politécnica de Saúde Joaquim Venâncio/Expressão Popular, 2012. p. 685-89.

PETERSEN, P. *Desenvolvimento e agricultura sustentável*: especificidades do caso brasileiro. Rio de Janeiro: AS-PTA, 1998. (Mimeo.)

_____ (Org.). *Agricultura familiar camponesa na construção do futuro*. Rio de Janeiro: AS-PTA, 2009.

PIRES, Angela Maria Monteiro da M. Projeto Educacional de Apoio ao Desenvolvimento Sustentável: a experiência pedagógica de Lagoa do Itaenga-PE. In: AGUIAR, Marcia Ângela da S. (Org.). *Educação e diversidade*: estudos e pesquisas. Recife: UFPE/MEC/Secad, 2009.

_____. *Educação do campo e democratização*: um estudo a partir de uma proposta da sociedade civil. Tese (Doutorado) — Centro de Educação, Universidade Federal de Pernambuco, Recife, 2008.

QUEIROZ, João Batista P. A educação do campo no Brasil e a construção das escolas do campo. *Revista Nera*, São Paulo, Unesp, ano 14, n. 18, jan./jun. 2011.

RAMALHO, Cristiane B. *Impactos socioterritoriais dos assentamentos rurais no município de Mirante do Paranapanema*: região do Pontal do Paranapanema-SP. Presidente Prudente: FCT/Unesp, 2002.

_____. A arte de fazer-se pescador artesanal. In: ANPPAS, 2., Anais..., Indaiatuba-SP, 26 a 29 maio 2004. Disponível em: ‹http://www.anppas.org.br/encontro_anual/encontro2/GT/GT08/cristiano_ramalho.pdf›. Acesso em: out. 2011.

RIBEIRO, Marlene. *Movimento camponês, trabalho e educação*: liberdade, autonomia, emancipação: Princípios/fins da formação humana. 1. ed. São Paulo: Expressão Popular, 2010.

ROMANELLI, Otaíza de O. *História da educação no Brasil*. Petrópolis: Vozes, 1989.

ROSA, Marcelo Carvalho. *Sem-terra*: os sentidos e as transformações de uma categoria de ação coletiva no Brasil. *Lua Nova*, São Paulo, n. 76, p. 197-227, 2009.

_____; MACEDO, M. E. Ocupações de terra, acampamentos e demandas ao estado: uma análise em perspectiva comparada. *Dados*, Rio de Janeiro, v. 51, p. 107-42, 2008.

SACHS, Ignacy, Caminhos para o desenvolvimento sustentável. In: STROCH, Paula Yone (Org.). Rio de Janeiro: Garamond, 2000.

_____. *Ecodesenvolvimento. Crescer sem destruir*. São Paulo: Vértice, 1986.

SACRISTÁN, J. Gimeno. *O currículo*: uma reflexão sobre a prática. Tradução de Ernani F. da F. Rosa. 3. ed. Porto Alegre: Artmed, 2000.

SAMPAIO, T. *O tupi na geografia nacional*. Rio de Janeiro: Brasiliana, 1987.

SANCHES, R. A. *Caiçaras e a Estação Ecológica de Jureia-Itatins* (Litoral Sul — São Paulo). Dissertação (Mestrado) — Universidade de São Paulo, São Paulo, 1997.

SANTOS, Manoel José dos. Projeto alternativo de desenvolvimento rural sustentável. *Estudos Avançados*, v. 15. n. 43, 2001.

SAVIANI, Dermeval. Da nova LDB ao Novo Plano Nacional de Educação: por uma outra política educacional. 3. ed. rev. Campinas: Autores Associados, 2000 (Col. Educação contemporânea.)

SEVA, Janaina. Agroecologia. In: MOTTA, Márcia (Org.). *Dicionário da terra*. 2. ed. Rio de Janeiro: Civilização Brasileira, 2010. p. 27-8.

SEVILLA-GUZMÁN, E. *La agroecologia como estratégia metodológica de transformación social*. Córdoba, Espanha: Instituto de Sociologia y Estudios Campesinos de la Universidad de Córdoba, s.d. Disponível em: ‹http://www.agroeco.org/socla/pdfs/la_agroecologia_como.pdf›. Acesso em: 1º set. 2011.

SCHNEIDER, S. Desenvolvimento Rural Regional e articulações extra regionais. In: FÓRUM INTERNACIONAL: TERRITÓRIO, DESENVOLVIMENTO RURAL E DEMOCRACIA, 2., Anais..., Fortaleza, 16 a 19 nov. 2003.

SIGAUD, Ligia. A forma acampamento: notas a partir da versão pernambucana. *Novos Estudos Cebrap*, n. 58, p. 73-92, 1979.

_____. *Os clandestinos e os direitos*. São Paulo: Duas Cidades, 2000.

_____. A engrenagem das ocupações de terra. In: FERNANDES, Bernardo M.; MEDEIROS, Leonilde S.; PAULILO, Maria Ignez (Org.). *Lutas camponesas contemporâneas*: condições, dilemas e conquistas. São Paulo: Editora Unesp; Brasília: Núcleo de Estudos Agrários e Desenvolvimento Rural, 2009. p. 58-72. (A diversidade das formas das lutas no campo; v. 2.)

_____. As condições de possibilidade das ocupações da terra. *Tempo Social*, revista de sociologia da USP, v. 17, n. 1, p. 255-80, 2005.

_____; ROSA, M.; MACEDO, M. E. Ocupações de terra, acampamentos e demandas ao Estado: uma análise em perspectiva comparada. *Dados*, Rio de Janeiro, v. 51, p. 107-42, 2008.

SILVA, Anelino Francisco da. *O homem e a pesca*: as atividades pesqueiras no estuário e no litoral de Goiânia. Dissertação (Mestrado) — Departamento de Ciência Geográfica, Universidade Federal de Pernambuco Recife, 1982.

SILVA, Carlos Eduardo M. *Democracia e sustentabilidade na agricultura*: subsídios para a construção de um novo modelo de desenvolvimento rural. Rio de Janeiro: Projeto Brasil Sustentável e Democrático: Fase, 2001. 116 p. (Série Cadernos Temáticos.)

_____. Desenvolvimento sustentável. In: CALDART, Roseli et al. (Org.). *Dicionário da educação do campo*. Rio de Janeiro/São Paulo: Escola Politécnica de Saúde Joaquim Venâncio/Expressão Popular, 2012. p. 204-9.

SILVA, Josué da Costa. *Cuniã mito e lugar*. Dissertação (Mestrado) — FFLCH, Universidade de São Paulo, São Paulo, 1994. (Mimeo.)

SILVA, J. G. S. da. *Caiçaras e jangadeiros*: cultura marítima e modernização no Brasil, São Paulo: Cemar/USP, 1993.

SILVA, Simione. Caboclo. In: MOTTA, Márcia (Org.). *Dicionário da terra*. 2. ed. Rio de Janeiro: Civilização Brasileira, 2010. p. 68-70.

SIMONETTI, Mirian Claudia L. *A longa caminhada*: (re)construção do território camponês em Promissão-SP. Tese (Doutorado) — Departamento de Geografia, Universidade de São Paulo, São Paulo, 1999.

SPÓSITO, Marília P. Educação, gestão democrática e participação popular. In: BASTOS, João B. (Org.). *Gestão democrática*. Rio de Janeiro: DP&A/Sepe, 2005.

STÉDILE, João P.; FERNANDES, Bernardo M. *Brava gente*: a trajetória do MST e a luta pela reforma agrária no Brasil. São Paulo: Perseu Abramo, 1999.

TARDIN, J. M. *Diálogo de saberes no encontro de culturas*. Lapa-PR, 2006. (Mimeo.)

UNESCO. Declaração Universal sobre a Diversidade Cultural. Disponível em: <http://www.unescdoc.unesco.org/images/0012/00127/12716por.pdf>.jan. 2012. Acesso em:

VENDRAMINI, Célia Regina. A escola diante do multifacetado espaço rural. *Perspectiva*, Florianópolis, v. 22, n. 1, p. 145-65, jan./jun. 2004. Disponível em: <http://ced.ufsc.br/nucleos/nup/perspectiva.html>. Acesso em: 15 jun. 2012.

VIA CAMPESINA. Relatório do encontro. In: ENCUENTRO CONTINENTAL DE FORMADORES Y FORMADORAS EN AGROECOLOGIA, 1., *Anais...*, Barinas, Venezuela: Instituto Agroecológico Latino-Americano Paulo Freire (Iala), ago. 2009.

WANDERLEY, Maria de Nazaré B. A valorização da agricultura familiar e a reivindicação da ruralidade no Brasil. In: *Desenvolvimento e meio ambiente*: a reconstrução da ruralidade e a relação sociedade natureza. Curitiba, Ed. da UFPR, n. 2. p. 29-37, jul./dez. 2000.

_____. Raízes históricas do campesinato brasileiro. In: TEDESCO, Juan Carlos (Org.). *Agricultura familiar*: realidades e perspectivas. Passo Fundo: UPF, 2001.

_____. Territorialidade e ruralidade no Nordeste: por um pacto social e pelo desenvolvimento rural. In: SABOURIN, E.; TEXEIRA, O. (Org.). *Planejamento e desenvolvimento dos territórios rurais*: conceitos, controvérsias e experiências. Brasília: Embrapa Informação Tecnológica, 2002. p. 41-52.

XAVIER, Maria do Socorro. Os movimentos sociais cultivando uma educação popular do campo. *Anped/GT Educação Popular*, 2005.